Mosaik
bei GOLDMANN

Buch

Maria Sorel zeigt mit diesem praktischen Leitfaden den Weg zu einem erfüllten und harmonischen Leben. Sie setzt dabei die von dem Spanier José Silva entwickelte Methode zur Förderung der kreativen rechten Gehirnhälfte in die Praxis um und vermittelt zahlreiche Tips und Übungen für mehr Entspannung im Alltag. Die Silva Mind Methode hilft Ihnen, Probleme und schwierige Situationen zu meistern, klare Entscheidungen zu treffen, Ihre Gesundheit zu erhalten und – nicht zuletzt – eine harmonische Beziehung zu Ihren Mitmenschen aufzubauen. Und dies alles, indem Sie dem Leben einfach mit einer kreativen und positiven Einstellung begegnen.

Autorin

Maria Sorel ist Psychotherapeutin und lebt in Spanien. Sie lernte dort die Silva Mind Methode kennen und brachte sie 1978 nach Deutschland, Österreich und die Schweiz.

MARIA SOREL

Mit der
Silva Mind
Methode zu mehr Gesundheit
und Lebensglück

Eine praktische Anleitung zur
effektiveren Nutzung der rechten,
kreativen Gehirnhälfte

Mosaik
bei GOLDMANN

Umwelthinweis:
Alle bedruckten Materialien dieses Taschenbuches
sind chlorfrei und umweltschonend.

Vollständige Taschenbuchausgabe Juni 1998
Wilhelm Goldmann Verlag, München,
in der Verlagsgruppe Bertelsmann GmbH
© 1993 Mosaik Verlag GmbH, München,
in der Verlagsgruppe Bertelsmann GmbH
Umschlaggestaltung: Design Team München
unter Verwendung folgender Fotos:
Umschlag: Design Team München
Umschlaginnenseiten: Gruner + Jahr, photocina, Shiuishi Eguchi
Satz: IBV Satz- und Datentechnik GmbH, Berlin
Druck: Elsnerdruck, Berlin
Verlagsnummer: 16125
Kö · Herstellung: Sebastian Strohmaier
Made in Germany
ISBN 3-442-16125-8

3 5 7 9 10 8 6 4

Inhalt

Im Lauf der Jahre habe ich, aus den verschiedensten Quellen schöpfend, mir Kenntnisse angeeignet, die ich in diesem Buch verarbeitet habe.

Mein Dank geht an José Silva, dem Begründer der Silva Methode, der mich im Sommer 1991 ermunterte, dieses Buch zu schreiben, an seinen Bruder Juan Silva, der mich während der langjährigen Zusammenarbeit stets unterstützte, an meine Familie, meine Freunde, Feinde, Kursteilnehmer, Patienten und an meine unermüdlichen Mitarbeiter. Durch sie alle habe ich gelernt.

Ich widme dieses Buch zwei Kindern: meinem Enkel, dem Europäer Arman, und dem Inder Sunil. Durch sie bin ich gereift.

Vorwort

Maria Sorel de Neufchateau bedeutet für die Weitergabe und Weiterentwicklung meiner Grundideen seit mehr als achtzehn Jahren die ideale Ergänzung.

Als gelernte Therapeutin versteht sie es nicht nur, den Zuhörern im Kurs etwas nachhaltig Positives zu vermitteln, sondern sie macht auch durch ihre Überzeugungskraft und ihren Humor klar, daß die »Sache« wirklich kinderleicht und damit für jeden anwendbar ist.

Es lag uns am Herzen, ihr für diese wundervollen Eigenschaften zu danken: 1988 mit dem Silva Mind President's Cup und 1990 mit dem Silva Mind World Cup. Das sind zwar nur Äußerlichkeiten, aber bei immerhin mehr als vierhundertachtzig Ausbildern weltweit konnte ich ihr zumindest auf diesem Weg für ihre Arbeit danken.

Die Bücher, die aus meiner Feder entstanden sind, erklären meine Methode und vorrangig die Gedanken, die meiner Philosophie zugrunde liegen. Maria Sorels »praktischer Leitfaden« wird jedem, der mehr über ein erfüllteres, harmonisches Leben wissen möchte, einen Weg zeigen – den gleichen, den schon über sieben Millionen Silva-Mind-Absolventen gegangen sind: Der Weg der Erkenntnis, daß es auf dieser Erde verblüffende Möglichkeiten gibt, die uns erlauben, herrliche Dinge zu erleben, wenn wir bereit sind, die Grenzen des sogenannten »Normalen« zu überschreiten und unsere geistigen Fähigkeiten in einer besonderen und praktischen Weise zu nutzen.

Ich freue mich, daß Maria sich die Zeit genommen hat, dieses sachliche, kompetente Buch im Mosaik Verlag herauszubringen. Dazu wünsche ich ihr, Ihnen und uns den größtmöglichen Erfolg.

Laredo, Februar 1992   José Silva

Das
menschliche Bewußtsein

Haben Sie sich schon einmal die Frage gestellt, warum Sie auf dieser Erde sind? Die Antwort ist einfach: Weil Sie es anscheinend unbedingt wollten. Irgendwann haben Sie einen Wettlauf mitgemacht und das Rennen gewonnen. Von fünfhundert Millionen Spermien, die mit Ihnen am Start standen, haben Sie das Ziel erreicht, und damit begann das aufregende Abenteuer Ihres Lebens.

Ob nun eine höhere Energie diesen Wettlauf veranstaltet hat und Sie veranlaßte, dabei mitzumachen, ob Sie selbst diese Entscheidung aufgrund eines schon vorhandenen individuellen Denkens getroffen haben und warum, ob es die Folge eines rein biochemischen Vorgangs war, weil ein Mann und eine Frau sich entschlossen, miteinander zu schlafen – das ist noch immer ein Geheimnis. Nur unsere persönliche Einstellung oder unser eventuell vorhandener Glaube können uns darauf vielleicht eine Antwort geben. Die Tatsache ist: Wir sind nun einmal hier und sollten diese Lebensreise zumindest so gestalten, daß wir in ihrem Verlauf möglichst vielfältige Erfahrungen sammeln.

Der Kosmos, ein in sich geschlossenes System, entstand vor etwa siebzehn Milliarden Jahren durch den Urknall. In diesem Meer von Energien, in dieser Ursuppe, entstanden aufgrund eines rätselhaften ordnungsschaffenden Prinzips nach und nach die verschiedenen Himmelskörper: Sonnen, Monde, Planeten und unsere Erde. Allem Anschein nach dehnt sich das Universum noch immer aus, bis es in fernen Zeiten ein Ende haben wird. Es könnte dann, wie manche Physiker glauben, zu einer

Implosion, einem Urknall des nächsten Universums kommen. Ein schwindelerregender Gedanke.

Zu einem bestimmten Zeitpunkt, vor etwa dreieinhalb Milliarden Jahren, hatten sich auf unserem Planeten genügend organische Moleküle gebildet, die das wunderbare Ereignis möglich machten, das wir Leben nennen. Alle heute existierenden Lebensformen – Mikroorganismen, Pflanzen, Tiere und der Mensch – bestehen aus den gleichen Bausteinen, was ihr genetisches Material betrifft, das heißt, es gibt nur einen einzigen Ursprung des Lebens, aus dem heraus sich die Mannigfaltigkeit und Artenvielfalt entwickeln konnten. War es wirklich so? Einigen erscheint die Anzahl der notwendigen Zufälle, die diese Evolution möglich machte, zu hoch. Sie stellten die Hypothese auf, daß primitive lebende Organismen auf unseren Planeten ausgestreut wurden. Die Frage nach dem Woher versuchen sie nicht zu beantworten. Wäre es nicht durchaus denkbar, daß intelligente, vielleicht körperlose Wesen anderer Sternensysteme daran interessiert waren, Leben auf unserer Erde zu erschaffen?

Jede Stufe der Evolution ist eine Weiterentwicklung der vorherigen und ein Hineingehen in eine höhere Ordnung, wobei die frühen Lebensformen bewahrt werden. Alles Lebendige muß, um sich weiterentwickeln zu können, zur Außenwelt hin offen bleiben, darf sich nicht abkapseln, muß Energien aufnehmen und durch die entstehenden Wechselbeziehungen lernen und sich damit verändern. Als die ersten Hominiden vor fünf Millionen Jahren auftauchten, trugen sie alle vorherigen Stufen der Entwicklung in sich. Sie hatten das pflanzliche Dasein integriert und wiesen animalische Eigenschaften auf. Wären ihre Nervenzellen nicht »offen« gewesen und hätten miteinander und mit der Außenwelt kommuniziert, wäre es zu keinen Entwicklungsschüben im menschlichen Bewußtsein gekommen.

Es hat viele solcher sogenannter Bewußtseinssprünge gegeben. Der letzte hat wahrscheinlich vor ungefähr dreitausend Jahren stattgefunden, als der Mensch sich nicht mehr von seiner Einbildungskraft, von Götter- und Dämonenstimmen leiten ließ, sondern ein Selbst-Bewußtsein und damit ein eigenständiges Ich-Gefühl entwickelte. Damit begann das Erforschen seiner eigenen Innenwelt, und er versuchte, sie in der Beziehung zur Außenwelt zu begreifen.

Ist die Schilderung des Paradieses etwa auf die Zeit des noch nicht erwachten Urmenschen, der sich in einem träumerischen, nicht daseinsbewußten Zustand befand, zurückzuführen? Viele Philosophen und Psychologen teilen diese Ansicht. Die Vertreibung aus dem Garten Eden fand statt, als der Mensch »vom Baum der Erkenntnis aß«.

Stehen wir vor einem neuen Bewußtseinssprung, und wie wird er aussehen? Einige Bewußtseinsforscher vermuten es, meinen aber, daß die internen Mechanismen unseres Denkens ein riesiges, vielfältiges Potential enthalten, das es uns unmöglich macht, vorausschauend zu erkennen, welche Wege das menschliche Bewußtsein zu seiner Höherentwicklung einschlagen wird.

Mehr und mehr verbreitet sich die Annahme, daß wir wie mit unsichtbaren Fäden mit einer Energie verknüpft sind, die uns unerbittlich zu einer Daseinsform streben läßt, in der wir schließlich ihrer Vorstellung entsprechen werden. Heißt das, daß wir eigentlich keinen freien Willen besitzen? Die Antwort lautet: ja und nein. Die meisten unserer scheinbar gewollten Handlungen laufen lange bevor sie bewußt werden ab. Unser Unbewußtes enthält, wie wir wissen, unzählige Informationen über den Sinn unseres Lebens, die Aufgaben, die wir uns gestellt haben, und die Ziele, die wir erreichen wollen. Es ist so, als gäbe es einen Vertrag zwischen dieser treibenden Energieform – die wir in allen Kulturen als GOTT bezeichnen – und uns, in dem die großen Richtlinien klar festgelegt wurden. Denken wir jedoch an das »Unendliche«, absolut Zeitlose dieser Ewigkeit um uns, dann bleiben uns während dieses einen, winzigen

Lebens ungezählte Möglichkeiten der Entscheidung. Sie erlauben uns, unseren eigenen Rhythmus, die Geschwindigkeit und den Weg, den wir gehen möchten, zu bestimmen. Hätten wir Zugang zu all dem gespeicherten Wissen unseres tausenddreihundert Gramm schweren Archivs der zentralen Schaltstelle, die wir Gehirn nennen, dann wären die Fragen nach dem Ursprung des Alls, nach unserem göttlichen Anteil, nach dem Warum und Wohin dieser Schöpfung kein Geheimnis mehr.

Unser Gehirn wird gerne mit einem Computer verglichen. Richtiger wäre es, zu sagen, daß hier wie bei einem Gericht, das wir zubereiten, alle beigefügten Zutaten den gesamten Geschmack beeinflussen. Ein wenig Majoran wird eine Veränderung in jedem einzelnen Molekül verursachen.

Zur ursprünglichen, eher primitiven Zentrale kamen im Lauf der Entwicklungsgeschichte neue Abteilungen und Untersektionen hinzu, die nach und nach in Betrieb genommen wurden. Es sind vor allem drei Hauptabteilungen, die die Evolution nacheinander hervorgebracht hat. Die älteste ist das sogenannte Stammhirn. Es beherbergt alle Urinstinkte und funktioniert noch heute wie zu Zeiten der frühen Säugetiere. Alle ankommenden Informationen – es sind im Wachbewußtsein ca. hundert Millionen Bits pro Sekunde, werden hier gefiltert, reduziert und dann erst zum Zwischenhirn – auch limbisches System genannt – weitergeleitet. Das limbische Gehirn ist die dem Hypothalamus direkt übergeordnete Zentrale des psychischen Regulationssystems. Hier sind unsere Emotionen und Gefühle gespeichert, ohne die wir weder denken noch handeln könnten. Jedes hier ankommende Signal aus dem Körperinnern und aus der Umwelt, wird nun neuerlich geprüft und bewertet, wobei das Urteil meist binär ausfällt, also 1 oder 0, gut oder schlecht, schwarz oder weiß, gefährlich oder ungefährlich. Hier wird entschieden, ob im Organismus eine Bereitschaft für Angriff oder Flucht hergestellt werden muß; es läßt uns Hunger oder Durst, Kälte oder Wärme verspüren.

Es diktiert unsere Verhaltensprogramme, reagiert schnell und löst unsere Reaktionen aus. Ohne diese zweite Hauptabteilung hätten Jagdgesellschaften nicht entstehen können. Die dritte und jüngste Hauptabteilung ist das Großhirn. Mit ihm haben wir den Verstand erworben. Es ermöglicht die Wahrnehmung einer objektiven Außenwelt sowie das abstrakte, logische und schlußfolgernde Denken. Durch die Bildung jeder neuen Hauptabteilung vergrößerten sich die Überlebenschancen des einzelnen Individuums. Der große Chef der verschiedenen Abteilungen ist unsere Seele oder Psyche.

Um einen reibungslosen Funktionsablauf der gesamten Zentrale zu garantieren, stehen unserer Psyche Milliarden von Hilfskräften zur Verfügung: die Nerven- oder Ganglienzellen. Sie weisen Verästelungen und Querverbindungen auf. Eine Ganglienzelle mit den sich verzweigenden Dendritenfortsätzen bildet eine Aktionszelle, ein Neuron. Die Dendriten umkreuzen und umspinnen einander wie ein Netzwerk. Zwischen den einzelnen Neuronen gibt es Verbindungsstellen, die man als Synapsen bezeichnet. Sie ermöglichen die Informationsübertragung. Die elektrische Übertragung wird durch chemische Substanzen, den Botenstoffen oder Neurotransmittern, garantiert. Unsere Hilfskräfte wirken wie lebende Transistoren. Sie stehen in ständigem Kontakt miteinander, empfangen Botschaften und Befehle und leiten sie weiter an unseren Körper. Sie speichern eine riesige Menge an Daten, wie Erinnerungen, Gedanken, Informationen, Wahrnehmungen – alles, was wir jemals gesehen, gehört, gerochen und geschmeckt haben, und zwar vorsichtshalber meist gleich an verschiedenen Orten, damit nichts verlorengeht. Kranke, verletzte oder alte Hilfskräfte werden sofort von Nervenzellen verzehrt und verdaut. In unserer Zentrale herrscht ein eisernes Ordnungsprinzip. Zwischen dem Chef, dem nichtmateriellen Geist, und den materiellen Gehirnzellen findet ein ständiger und reger Informationsaustausch statt, das heißt, daß dieser Geist während unseres Lebens mit der Struktur unseres Gehirns verbunden bleibt. Diese Verbindung bricht nach unserem Tod ab. Für die materialistisch ausgerichteten Denker kann es deshalb nach dem Tod kein Bewußtsein mehr geben. Sie sagen, wenn unsere Psyche das Gehirn und den Körper verläßt, verlieren wir automatisch unsere gesamte Identität, unser ganzes Gedächtnisarchiv. Demgegenüber steht die Ansicht derjenigen, die von der Existenz eines individuellen Überlebens des menschlichen Bewußtseins nach dem Tod ausgehen, wie es in den unzähligen alten Schriften der Weisen steht. Sie sagen, daß der Mensch sich so weit von Gott entfernt hat, daß er dieser Wahrheit fremd gegenübersteht. Sie glauben, der Geist sei der Urgrund aller evolutionären Ebenen.

Vom Moment der Zeugung an beginnt sich das Gehirn beim Fetus zu entwickeln. Aus den Zellen des embryonalen Nervengewebes bilden sich zwischen der achten und dreizehnten Schwangerschaftswoche die Neuronen. Im Moment der Geburt besitzt der Mensch bereits alle Gehirnzellen, die sich nach und nach über die Synapsen miteinander vernetzen.

Das Kleinkind erlebt sich noch nicht mit einem eigenständigen Ich-Bewußtsein. Sein Bewußtsein liegt eingebettet im Bewußtsein der Eltern. Während der Kindheit findet ein ganz allmähliches Erwachen zum eigenen Wesen hin statt. Etwa beim Schuleintritt verstärkt sich die Ich-Bildung, wobei die Anpassung an die Außenwelt häufig angstvoll erlebt wird. In dieser Phase identifiziert sich das Kind mit den wichtigsten Bezugspersonen seiner Umgebung und versucht so zu sein wie die Eltern, Geschwister oder die Lehrer. Zur ersten wirklichen Auseinandersetzung mit sich selbst kommt es erst am Beginn der Pubertät. Es ist der Augenblick, in dem der junge Mensch, oftmals bedingt durch eine Konfliktsituation, in der er sich befindet, konkret über sich nachdenkt und erstaunt feststellt: **Ich bin ich.** In der Pubertät erkennen wir bereits eigene charakterliche Stärken und Schwächen, wissen, daß wir einen eigenen Willen und Meinungen besitzen, machen uns Gedanken über Gegenwart, Vergangenheit und Zukunft, und das vielleicht Wesentlichste überhaupt wird bewußt: **Ich als Mensch besitze eine Entscheidungskraft.** Gehe ich diesen oder jenen Weg, oder mache ich so weiter wie bisher. Gleichzeitig wird klar, daß sich unsere Gedanken schöpferisch zum Ausdruck bringen lassen. **Ich als Mensch bin kreativ.** Nur der Mensch hat Religionen geschaffen, Dinge hergestellt aus der Materie, nur er hat Kulturen, also auch Kunst, hervorgebracht. Das Tier in diesem Sinn hingegen nicht. Dieses selbstreflexive Ich-Bewußtsein unterscheidet uns deshalb vom tierischen Bewußtsein.

Unser Ich-Bewußtsein ist lernfähig, und zwar bis ins hohe Alter hinein – unter einer Bedingung: Wir müssen dafür sorgen, daß wir unser ganzes Leben hindurch neugierig bleiben.

Im Mittelalter lebte in der Türkei ein skurriler alter Mann, der Hodscha Nasrudin hieß. Er wanderte durch die Lande und verbrachte mehrere Monate in einem kleinen Städtchen. Die Kinder dort liebten den schrulligen Weisen, seine Erzählungen und Späße. Als er eines Tages durch die Straßen spazierte, umringten sie ihn, neckten ihn, zerrten an seiner Kleidung, zupften an seinem Bart und Turban. Der Hodscha war in arger Verlegenheit, weil er den Augenblick kommen sah, in dem er unbekleidet dastehen würde. Er überlegte, was er tun konnte, und da fiel ihm ein, den Kindern eine Lüge zu erzählen. »Kinder«, rief er, »wißt ihr denn nicht, daß heute der große Emir ein Kinderfest in seinem Palast gibt?« Die Kinder ließen entzückt von ihm ab und rannten auf das Schloß zu. Der weise Nasrudin brachte seine Kleidung in Ordnung, schaute nachdenklich den Kindern nach und dachte plötzlich: Und was ist, wenn meine Lüge wahr wäre? Er raffte seine Rockschöße und rannte den Kindern hinterher.

Wir sollten wie diese Kinder und der Weise wieder neugierig werden, aufgeschlossen und interessiert sein. Die Bereitschaft, andere Erfahrungen zu machen, sollte immer vorhanden sein.

Unsere Gehirnzentrale rostet nämlich ziemlich schnell ein, wenn wir immer die gleichen Straßen des Denkens entlanglaufen, glauben, die absolute Wahrheit zu besitzen, und deswegen Scheuklappen tragen. Unsere Hilfskräfte langweilen sich, werden träge, bewegen sich langsam oder gar nicht mehr. Sie möchten beschäftigt werden und brauchen Anregung, um neue Datenbanken anzulegen. Nur wenn wir uns auf ungewohnte gedankliche Ausflüge einlassen, stoßen wir auf überraschende Einblicke und Aussichten.

Bewußtseinserweiterung heißt, die Nebenstraßen des Denkens zu beschreiten.

Als Mensch stehe ich mit diesem lernfähigen, selbstreflexiven Ich-Bewußtsein der Welt beobachtend gegenüber. Im Vergleich dazu läßt sich das Tier vom Geschehen in der Welt, von seinen Überlebensmechanismen und den instinktiven Reaktionen leiten. Es ist nur bedingt bis zu einem bestimmten Alter lernfähig.

Das Zusammenwirken von Geist und Gehirn macht die Wahrnehmung möglich. Wir begreifen unsere Umwelt über unsere Sinnesorgane; das Sehen, Hören, Riechen, Schmecken und Tasten. Bestimmte Ereignisse, wie etwa ein Sommerfest mit bunten Lampions, Luftschlangen auf den Tischen, einem Mädchen mit langen Haaren und rotem Rock, sein Parfüm, der Geschmack der Seezunge und des Weins, das leise Anschlagen des Wassers am Bootssteg, das Knirschen der Kieselsteine unter den Füßen, das Gefühl des feuchten Grases, sind persönliche Erfahrungen, die sich uns einprägen. Der Pudel der Freundin, die Maus am Bootshaus, die Ameisen im Gras und die Vögel in den Bäumen haben diese Augenblicke anders wahrgenommen, nämlich so, wie die Weite ihres Horizonts es ihnen erlaubt. Wir dürfen mit Sicherheit annehmen, daß wir als Menschen einen weiteren Horizont als ein Käfer besitzen – aber sind nicht auch wir begrenzt, was unsere Wahrnehmungsfähigkeit anbelangt? Wir nehmen ebenfalls nur ein Abbild der objektiven Wirklichkeit wahr, das, was unserem momentanen Weltbild gerade entspricht. Weder können wir in die Welt der Elektronen in unserem eigenen Körper hineinschauen, noch mit unseren Augen andere Planetensysteme erfassen. Wir nehmen winzige Ausschnitte des Originals, in dem wir leben wahr, eine einzige Faser einer ganzen Orange.

Vor einiger Zeit fiel mir auf, wie verschieden jeder aus seiner Perspektive, auch objektiv gleiche Begebenheiten erlebt. Ich hatte drei jungen Leuten ganz in meiner Nähe zu einer Wohnung verholfen. Pedro und Juan studierten, Conchita war Krankenschwester. Ab und zu begegneten wir uns auf der Straße und unterhielten uns. Ich erfuhr, daß Conchita und Pedro nach Abschluß seines Studiums heiraten wollten. Nach einer meiner Reisen hörte ich zu meinem Entsetzen, daß die drei einen Unfall gehabt hatten und Conchita dabei ums Leben gekommen war. Wenig später traf ich Pedro, noch mit Gips und Krücken, an einer Kreuzung und erkundigte mich vorsichtig nach seinem Freund. Seine Reaktion war beinah heftig. »Stell dir vor, wir lagen auf der gleichen Station in verschiedenen Zimmern. Es war mir nicht möglich, ihn auch nur einmal zu besuchen, als ich mich schon etwas bewegen konnte. In mir sitzt ein tiefer Groll und Vorwurf gegen ihn. Irgendwo gebe ich ihm die Schuld an dem Ganzen. Wir waren auf der Rückfahrt. Es herrschte reger, wenn auch nicht übermäßiger Verkehr. Wir wollten unterwegs abbiegen und zu einem Fischrestaurant fahren. Keiner von uns hatte es eilig. Ich unterhielt mich mit Conchita, die auf dem Rücksitz saß. Hinter uns fuhr ein blauer Toyota, vor uns war eine kleinere Autoschlange. Plötzlich fiel mir auf, wie unkonzentriert Juan fuhr. Richtig fahrig. Er sah dauernd in den Rückspiegel. Ich weiß noch genau, wie ich dachte: ›Was hat er nur? Niemand hetzt uns, es spielt keine Rolle, wann wir daheim sind.‹ Aus Prinzip mische ich mich nicht in die Fahrweise von jemandem ein, der mich mitnimmt. Ich hielt also meinen Mund und redete weiter mit Conchita. Auf einmal ging Juan auf die Überholspur, gab Gas und fing an zu rasen. Der Toyota hinter uns überholte ebenfalls. Dann geschah es. Ein Kombi scherte nach links aus und kam ins Schleudern. Juan bremste. Es knallte, und ich erinnere mich an nichts mehr. Man hat mir berichtet, daß der Toyota voll in uns reingefahren ist. Conchita war auf der Stelle tot. Jetzt komme ich nicht umhin zu denken, daß nichts passiert wäre, wenn Juan in der Schlange geblieben wäre.« Ich erinnerte Pedro an die langjährige gute Freundschaft, die sie gehabt hatten, und bot ihm an, Juan im Krankenhaus zu besuchen. Pedro schien erleichtert. »Wenn du das tust, hilfst du mir wirklich. Ich erwarte nicht, daß du die Dinge zwischen uns klärst, aber du könntest mir von deinem Eindruck berichten.«

Juan lag in einem Mehrbettzimmer. Es war Besuchszeit. Bei den anderen standen Familienangehörige, so daß wir uns im Stimmengewirr ungestört unterhalten konnten. Anfangs war er sehr einsilbig, kam dann nach und nach aus sich heraus. »Ich weiß genau, daß Pedro mir die Schuld gibt, aber er läßt sich noch nicht einmal blicken, um mit mir darüber zu reden. Normalerweise bin ich ein besonnener, eher ruhiger Fahrer. So war es auch an dem Sonntag. Wir hatten alle Zeit der Welt, wollten sogar noch essen gehen und irgendwo in ein Dorf fahren. Ich fuhr hinter einer kleineren Schlange. Dann tauchte da plötzlich dieser blaue Toyota auf. Er fuhr zickzack, ganz unregelmäßig, mal schneller, mal langsamer. Einige Male fuhr er so dicht auf, daß ich dachte, er würde uns rammen. Zweimal hupte er sogar. Zunächst dachte ich, daß es vielleicht ein Bekannter ist, der auf sich aufmerksam machen möchte. Ich blickte dauernd in den Rückspiegel, aber ich kannte den Typen nicht. Pedro und Conchita waren ganz in ein Gespräch über ihre Zukunft vertieft. Ich glaube nicht, daß sie meine Unruhe bemerkten, und ich wollte sie nicht unterbrechen. Mein ungutes Gefühl steigerte sich, als der Typ dann zum fünftenmal an uns klebte. Ich überlegte, daß es sicherlich einer von denen ist, die unbedingt auf der Autobahn mit jemandem einen Wettkampf austragen müssen. Ich kurbelte das Fenster etwas nach unten und bedeutete ihm mit der Hand, daß er mich überholen solle. Er tat es nicht. Mir ging sogar durch den Kopf, ob er wohl getrunken hatte. Schließlich entschloß ich mich, ihn abzuhängen. Ich wollte mich vorn vor die Schlange setzen, so daß er nicht hinter mich kommen konnte, und dann mein ruhigeres Tempo weiterfahren. Den Rest kennst du. Er war so auf mich konzentriert, daß er noch nicht einmal bremste, als ich es tat.«

Ich telefonierte mit Pedro. Er besuchte seinen Freund, und sie sprachen sich aus. Pedro erkannte, daß seine Eindrücke ganz offensichtlich an der Realität vorbeigegangen waren. Zwei verschiedene Wahrnehmungen ein und derselben Situation hatten aufgrund eines unglücklichen Ausgangs beinahe eine langjährige Freundschaft zerstört. Sie dürfen sicher sein, daß der Toyotafahrer, der ebenfalls sein Leben verloren hatte, eine dritte Version des Vorfalls abgegeben hätte und Conchita eine vierte.

Wir können daraus schließen: **Es gibt keine wirkliche Wirklichkeit.**

Unsere Wahrnehmung der Wirklichkeit enthält auch viele unbewußte Aspekte. Sie bleiben unter der Bewußtseinsschwelle, und wir werden ihrer nur gewahr, indem wir über eine Erfahrung nachdenken und uns blitzartig etwas dazu einfällt. Bei bestimmten Konflikten oder auch bei unüberwindlich erscheinenden Umwelthindernissen, die Angst verursachen, neigen wir dazu, diese Aspekte einfach nicht wahrzunehmen. Wir vergessen und verdrängen sie und legen sie in den hinteren Schubfächern unseres Archivs ab. Verdrängungen sind innere Abwehrmechanismen.

Unser Denken verändert sich ständig, weil wir in jeder Sekunde unseres Lebens neue Informationen speichern. So wie unser persönliches Denken, verändert sich auch das Denken der gesamten Menschheit. Viele »große Menschen« haben dazu beigetragen, uns wie mit einem Stempel neue Denkmuster einzuprägen. Der

Reichtum der verschiedenen alten Kulturen legt ein Zeugnis hierfür ab.

Im europäischen Raum hat das ptolemäische Weltbild, in dem sich Sonne, Mond und Sterne um die ruhende Erde bewegen, das Denken der Menschen seiner Zeit beeinflußt. Dieses Paradigma wurde durch Nikolaus Kopernikus abgelöst, der den Gedanken des heliozentrischen Systems einbrachte. Newton und Descartes lehrten den Menschen das methodische, kartesianische, experimentelle Denken. Einstein, Max Planck und Heisenberg steuerten die Denkrichtung zu neuen Dimensionen.

Unser Denken verändert sich – ein Weltbild löst das andere ab. Die Zeiten dazwischen sind Zeiten der Unruhe, der Desorientierung, des Verfalls. Es sind Zeiten der Krisen. Presse, Radio, Fernsehen und andere Medien berichten über soziale, politische und wirtschaftliche Probleme, über Umweltkatastrophen und alarmierenden Bevölkerungszuwachs. Jeder einzelne von uns wird durch diese vielen Negativinformationen negativ programmiert. Deswegen spiegelt sich die äußere Unruhe auch im einzelnen Menschen wider.

Das chinesische Wort für Krise, *Wei-Chi,* besteht aus *Wei* – Vorsicht oder Gefahr – und *Chi* – Chance oder Gelegenheit zur Veränderung. Wenn der nächste Evolutionsschritt ins Positive führen soll, müssen wir daran arbeiten, unser eigenes Bewußtsein positiv zu verändern. Jeder von uns hat die Chance, das zu tun.

Wohin strebt der zukünftige Zeitgeist? Es wird darauf ankommen, welche großen Denker unsere Zeit hervorbringt und welche Gedanken wir selbst entwickeln. Es gibt kein Zurück in die Vergangenheit. Es muß uns gelingen, das rein intellektuelle, logische mit dem nach innen gerichteten Denken in Einklang zu bringen, um in uns angelegte seelische Grundtendenzen zu entdecken, die auf eine Einheitswirklichkeit weisen. Geist und Materie sind nicht ZWEI, sondern EINS. Diese Erfahrung würde zu einer neuen Weltauffassung führen, in der unsere schöpferischen Kräfte nicht mehr gegen uns, sondern zu unserem Vorteil eingesetzt werden. Die Veränderung muß also im einzelnen beginnen, und das bedeutet, daß wir uns nicht in die Schlange der passiv Wartenden einreihen sollten.

Einige warten auf den Weltuntergang, andere auf das satanische Reich, wieder andere auf einen überraschend auftauchenden Retter in der Not, oder sie hoffen, von Außerirdischen auf einen fernen Planeten gebracht zu werden. Alle diese Möglichkeiten sind höchst unwahrscheinlich und bringen keine Verbesserung der augenblicklichen problematischen Situation. Wenn Sie sich jedoch bereit erklären, aktiv an Ihrer Selbstverwirlichung zu arbeiten, tun Sie zumindest etwas Sinnvolles und geben Ihrem Leben eine Richtung.

Aus Indien stammt ein altes Spiel, das vor hundertfünfzig Jahren in der Provinz Uttar Pradesh entdeckt wurde. Sein Begleittext ist in Sanskrit geschrieben. Das Spiel heißt **Lila**, das universelle Spiel der kosmischen Energie. Es besagt, daß es in Wirklichkeit nur **ein Spiel** gibt. Jeder von uns ist ein Spieler und übernimmt eine bestimmte Rolle. Im Moment der Geburt, wenn wir zu spielen beginnen, vergessen wir, worum es in diesem Spiel geht. Trotzdem existieren in diesem Lebensspiel gewisse Regeln, und es gibt auch ein Ziel. Der beste Spieler ist derjenige, der die Regeln kennt, und das Ziel ist die **Selbstverwirlichung.** Jede Aktion löst eine Reaktion aus. Jede Reaktion verändert unser Bewußtsein und bringt uns in unserer eigenen Entwicklung ein Stückchen weiter.

Lernen Sie, dieses Spiel bewußter zu spielen, fröhlicher, zuversichtlicher, mutiger und verantwortungsvoller. Das sind die wichtigsten Regeln. Als Spieler sind Sie diesem Spiel niemals hilflos ausgeliefert. Wenn Sie lernen, bessere Entscheidungen zu treffen, kommen Sie schneller vorwärts. Indem Sie Ihre Intuition herausarbeiten, werden Sie Fallen vermeiden. Durch ein kreativeres Denken werden Sie auch aus scheinbar aussichtslosen Situationen herausfinden, um neue Wege einzuschlagen. Indem Sie sich nach und nach Ihrem Ziel nähern, werden Sie reifen und geistige Eigengesetzlichkeit und Tatsachenzusammenhänge deutlicher erkennen. Dadurch wird der Prozeß Ihrer Verwirklichung beschleunigt. Vielleicht merken Sie dann auch, daß die Sterblichkeit nur als Illusion in unserer begrenzten Wahrnehmung besteht.

Zusammenfassung
- Ich als Mensch besitze ein selbstreflexives Ich-Bewußtsein.
- Ich besitze eine Entscheidungskraft.
- Ich bin lernfähig.
- Ich bin kreativ.
- Ich bin intuitiv.

Das Leitmotiv
oder Grundprogramm

Mein Dilemma ist es oftmals, die Gedankengänge logisch zu finden, die anderen unlogisch, verdächtig und verwirrend vorkommen. Wohingegen ich bestimmte Denkprozesse, die anderen logisch erscheinen, häufig nicht nachvollziehen kann.

Wenn wir mit diesem riesigen Wissensarchiv in unserem Gehirn geboren werden, das Erinnerungen an die verschiedenen Zeitepochen enthält, dann ist es für mich persönlich logisch, anzunehmen, in irgendeiner Daseinsform in diesen verschiedenen Epochen auf dieser Erde existiert zu haben. Es ist für mich logisch, vorauszusetzen, daß ich mit dem Schicksal dieser Erde in irgendeiner Form verbunden bin, daß ich also nicht irgendwann auf dem Kugelhaufen M 13 der Milchstraße landen werde. Genauso schließe ich aus, eventuell in fernen Zeiten eine Existenz als Wasserfloh in einem Tümpel fristen zu müssen, weil ich eine ähnliche Existenzform sicherlich schon einmal durchgemacht habe. Genauso haben wir existiert als Säugetiere, Reptilien, Fische, wirbellose Meerestiere und Einzeller. Drei Fünftel der Evolution hat stattgefunden, bevor wir Zellen wurden, die die Basis der biochemischen Lebensevolution bilden. Evolution ist eine langsame, bruchlos fortschreitende Entwicklung von niederen zu höheren Formen des Lebens. Aus irgendeinem Grund bin ich ein Teil dieses evolvierenden Ganzen. Ein einziges Leben als Mensch erscheint mir zu wenig, um diesen allmählichen Prozeß mitzugestalten.

Bei der Geburt sind in unserem Grundprogramm – dem Leitmotiv –, die verarbeiteten und unverarbeiteten Energien früherer Existenzen enthalten.

Wir werden mit dem Streben nach Weiterentwicklung bzw. Selbsterkenntnis geboren.

Wir bringen andere uns treibende Kräfte mit, die auch mit den Begriffen Instinkt, Neigung, dem englischen Wort *drive* oder Trieb umschrieben werden. Dazu gehören:

- der Selbsterhaltungstrieb
- der Arterhaltungstrieb (Sexualität)
- der Aktivitätstrieb
- der Spieltrieb
- der Trieb zum Wechsel
- der schöpferische Trieb

In unserem Grundprogramm ist die Geschichte unserer Ahnen enthalten. Wir sollten uns dafür interessieren, woher sie stammten, was sie taten. Ein Stammbaum kann sehr nützlich sein, uns Wege aufzuweisen. Sie werden feststellen, daß es ein familiäres Unbewußtes gibt, welches unser Leben stark beeinflußt, was zum Beispiel die Berufswahl, die Wahl von Freunden oder auch von Partnern anbelangt. Szondi, der die Geheimnisse des Schicksals in der Persönlichkeit untersucht hat, stellte folgende These auf: Zwei Menschen, die in ihrem Erbgut analoge, in die Vergangenheit zurückreichende Erbanlagen tragen, ziehen sich gegenseitig an.

Manchmal allerdings stoßen sie sich zunächst auch ab. Vor einigen Jahren erschien in meiner Praxis ein großer, schlanker, blonder, blauäugiger Mann. Er war Spanier, in Nordspanien geboren und aufgewachsen. Er litt unter plötzlich auftretenden Angstzuständen, die von Herzklopfen, Schweißausbrüchen und Zittern begleitet waren. Als wir an seiner Kindheitsgeschichte arbeiteten, wurde schnell klar, daß er von klein auf seinen Vater abgelehnt hatte. Das alles erklärte jedoch nicht das tiefe Gefühl der Heimatlosigkeit, das ihn erfüllte. Er fühlte sich nirgendwo zu Hause. Er hatte nie wirkliche Freunde besessen. Obwohl er das Studium der Architektur mit Auszeichnung abgeschlossen hatte und sofort eine gute Stellung fand, fühlte er sich auch in seinem Arbeitsfeld verkannt, ausgeschlossen und sonderte sich von allen Kollegen ab. Ein Stellenwechsel brachte keine Veränderung. Er irrte von Stellung zu Stellung, zog ständig um und empfand sich als absolut lebensuntüchtig. Wurzellos, innerlich aufs tiefste verletzt, ohne zu wissen warum, trug er sich mit Suizidgedanken. Er war das Spiegelbild von Millionen von Menschen unserer Zeit, die keinen Sinn und Zweck in ihrem Leben sehen und vor sich selbst und anderen fliehen.

Irgendwie kamen wir nicht recht weiter in der Therapie, bis zu jenem Tag, als er ganz nebenbei erwähnte, seine Mutter sei zwar Spanierin, sein Vater jedoch Araber.

Die ganze Familie väterlicherseits lebte seit Generationen in Marokko. Er hatte sie einmal besucht und fühlte sich von ihrer Lebensweise abgestoßen. Das war der Schlüssel, der uns zum Öffnen seines Inneren gefehlt hatte. Von diesem Moment an unternahmen wir beide eine phantastische Reise zurück in die Vergangenheit seiner Verwandten und Ahnen väterlicherseits. Ich ermutigte ihn zu erforschen, woher seine Großeltern und Urgroßeltern stammten, welche Berufe und Ehepartner sie gewählt hatten. Es stellte sich heraus, daß ein Urgroßvater mit Kamelen gehandelt hatte, eine Großtante war in der Gegend von Rabat berühmt geworden durch ihre kreativen und damals völlig neuen Teppichmotive. Sie leitete eine Knüpferei mit zwölf Angestellten. Sein Großvater konnte ganze Suren des Korans auswendig und hatte Kenntnisse von alten Sufiritualen. Indem er in seine Familiengeschichte eintauchte, lernte er auch seinen Vater kennen, denn es kam zu vielen Gesprächen zwischen ihnen. Eigenschaften, die er früher bei seinem Vater negativ bewertet hatte, konnte er plötzlich in einem anderen Licht sehen. Er entdeckte auch, daß sie sich in vieler Beziehung charakterlich ähnlich waren. Sein Vater war weder passiv noch gleichgültig, wie er vermutet hatte, sondern genauso empfindlich wie er selbst. Er zog sich einfach in sich zurück, wenn er sich unverstanden fühlte. Dieser junge Mann erkannte nach und nach, daß er durch und durch von einer marokkanisch-arabischen Geistes- und Gemütsart geprägt war. Sein Denken und Fühlen war arabisch. Träume, die er aufgeschrieben und mitgebracht hatte, enthielten altes arabisches Gedankengut. Er lernte, sich mit seinen Groß- und Urgroßeltern sowie mit seinen Ahnen arabischer Herkunft auszusöhnen und zu identifizieren, lernte dadurch zu seiner eigenen arabischen Mentalität zu stehen, sich also selbst anzunehmen. Zum erstenmal in seinem Leben entwickelte er Heimatgefühle und erlebte Geborgenheit. Dadurch fand er eine neue Einstellung zu seiner Arbeit und konnte sich in eine Gemeinschaft einordnen. Er lernte Arabisch und fuhr mit beiden Eltern regelmäßig zur Familie nach Marokko. Seine Panikattacken wurden weniger und verschwanden schließlich ganz.

Mythen, Sagen, Legenden und Religionen aus dem Land unserer Vorfahren vermitteln uns Aussagen über das Denken in der Vorzeit, über die Lebensweise unserer Ahnen, ihren Glauben, ihre Art, Krieg zu führen oder friedvoll zu leben, über die Art und Weise, wie Männer und Frauen miteinander umgingen, über ihre Art zu lieben und über ihre Heilweisen. Sie sind gleichnishaft und entsprechen doch irgendwo der Realität. Sie sind das Fundament der Menschheitsgeschichte. Wenn wir uns mit ihnen beschäftigen, entdecken wir, daß unter dem Haus, in dem wir leben, ein weiteres Haus stand, darunter wieder andere und daß Lebensart und Gedankenwelt dieser Menschen, die dort wohnten, in meinem Grundprogramm in Form von Erinnerungen, Träumen, Intuitionen und sogar Handlungen nachschwingen. Dann begreifen wir auch, warum jedes Volk eine bestimmte Mentalität hat.

Gerade bei veränderten Bewußtseinszuständen, die durch Entspannungsübungen und Meditation oder therapeutisch geleitete imaginative Reisen herbeigeführt werden, können wir erkennen, das die Vorstellungen von Gott, Himmel, Hölle, Drachen, Helden, Feen und Hexen psychische Realitäten sind, die zum Wesen meiner Persönlichkeit gehören und sich nicht verleugnen lassen.

Alte Kulturen stützten sich auf spirituelle Weltanschauungen, in denen eine göttliche Welt erfahren wurde. Der Geist war eine Realität. Die Griechen erlebten in ihrer Weltanschauung den Idealismus als Realität. Hinter jeder Erscheinung steckte eine Idee. Beide Anschauungen werden in unserer Zeit des Materialismus abgelehnt.

Rudolf Steiner, der Begründer der Anthroposophie, der seiner Zeit weit voraus war, erkannte, daß wir auf dem Weg zu einer neuen Weltanschauung sind, in welcher Geist und Materie in ihrer Wechselwirkung als wirklich erfahren werden. »Kein Geist ohne Materie – keine Materie ohne Geist.«

Wenn wir unser eigenes Bewußtsein erforschen, werden wir Erfahrungen machen, die uns immer weiter hin zu unserer eigenen Wirklichkeit führen. In dem Wort Er-fahrung ist das Wort Fahrt enthalten. Es wird eine Reise werden in unser eigenes Inneres, auf der wir stückchenweise wie beim Zusammensetzen eines Puzzles entdecken, daß unsere eigene Wirklichkeit aus vielen anderen Wirklichkeiten zusammengesetzt ist.

Die meisten Naturwissenschaftler sind heute noch der Meinung, daß die Verbindung Geist – Materie, also Geist und Körper, erst im Moment der Geburt stattfindet. Viele andere sind immerhin schon so weit gekommen, zuzugeben, daß diese Verbindung eventuell früher, also zu Beginn der Schwangerschaft, geschieht. Es sind die Ärzte und Therapeuten, die mit Regressionen arbeiten, die Personen zurückführen in frühere Phasen ihres Lebens. Sie haben festgestellt, daß manche Menschen klare Erinnerungen haben an Geschehnisse, die während der ersten Schwangerschaftswochen stattfanden.

Es gibt sogar Menschen, die eine Erinnerung an den Moment

ihrer Empfängnis haben. Diese Tatsachen rücken die Problematik der Schwangerschaftsunterbrechung in ein neues Licht.

Bei einer Pränatalmassage (die metamorphische Methode, eine weiterentwickelte Fußzonenreflexmassage nach Gaston Saint-Pierre) erlebte ich selbst einmal eine Rückerinnerung an die vorgeburtliche Zeit. Ich empfand mich zwischen zwei Welten, die sich durchdrangen. Es gab keinerlei Trennung, keinen Raum und keine Zeit. Das Bewußtsein, eine Dimension der Grenzenlosigkeit verlassen zu müssen, um in eine andere einzugehen, die sich einengender darstellte, war vorhanden. Ich spürte auch einen gewissen geistigen Widerstand, aber eine treibende Kraft ließ es geschehen. Beide Dimensionen erlebte ich als Farben, Klang und Bewegung. Ich besaß kein eigentliches Ich-Bewußtsein, sondern war Teil eines Ereignisses, das einfach ablief.

Sowohl die metamorphische Methode als auch die pränatale Psychologie untersuchen, welche verschiedenen Faktoren uns in der neunmonatigen Intrauterinphase beeinflussen.

Meister Eckhart hat unsere Entwicklungsgeschichte im 13. Jahrhundert so formuliert: »Wir tragen den Samen Gottes in uns und als solcher werden wir gottähnlich.«

Wenn wir in uns hinein- und um uns herumschauen, dann haben wir bis dahin noch einen ziemlichen Weg vor uns.

Same und Ei, Teile von Vater und Mutter, vereinen sich bei der Zeugung zu einer Zelle, die die genetische Erbmasse beider Eltern beinhaltet. Dieser neue Organismus, der neue Mensch, entwickelt sich während der folgenden neun Monate und wird bestimmte Charakteristika beider Eltern aufweisen, wie etwa Haarfarbe, Augenfarbe, Blutgruppe etc.

Die Art und Weise, wie die Eltern sind, wie sie miteinander umgehen, ihr kultureller Hintergrund, die Umgebung, in der sie leben, das alles wirkt bestimmend auf unser Grundprogramm und beeinflußt es.

Studien mit überdurchschnittlich begabten Kindern haben ergeben, daß unsere intellektuellen und geistigen Fähigkeiten in erster Linie durch unsere Umgebung bestimmt werden, besonders in den Zeiten kurz vor und kurz nach der Geburt, und weniger durch genetisch bedingte Erbanlagen.

Wer sind unsere Eltern? Welchen Wesenskern haben die Menschen, die wir Vater und Mutter nennen?

Für die vorgeburtliche Zeit ist vor allem das Denken der Mutter wesentlich, denn wie geborgen fühlten wir uns als Embryo?

Zweifellos befanden wir uns in einer warmen und weichen Atmosphäre. Durch den Blutkreislauf der Mutter wurden wir mit Nahrung und Sauerstoff versorgt. Wir kannten weder Kälte noch Hunger, noch Körperdruck. Wie aber wurden wir versorgt, was die Gedanken- und Gefühlswelt der Mutter anbelangt? Waren wir erwünscht oder unerwünscht? Fühlte unsere Mutter sich geborgen oder zurückgewiesen? War ich das erste oder soundsovielte Kind? War es eine glückliche oder unglückliche Ehe, oder war ich ein uneheliches Kind? Diese ganzen Umstände sowie die Einstellung der Mutter diesen Umständen gegenüber haben tiefgehend unser Grundprogramm beeinflußt.

Die Geburt bedeutet den Sprung vom Sein im Mutterleib zum In-der-Welt-Sein. Sie bringt die unausweichliche zeitliche Begrenzung – den Tod – am Ende dieser Existenz mit sich. In der pränatalen Phase findet eine eher passive innerliche Mutter-Kind-Wechselbeziehung statt. Das Geborenwerden ist die erste Selbsterfahrung des neuen Menschen. Ob hierbei ein Geburtstrauma erlebt wurde oder nicht, wird daher – je nach Persönlichkeitsstruktur – bei jedem von uns verschieden gewesen sein. Manche objektiv schwere Geburt wurde subjektiv als leicht erfahren, und andererseits gibt es Menschen, die eine relativ leichte Geburt als Trauma erlebten. Die Lehre Ranks vom Geburtstrauma darf jedenfalls nicht als rein »spekulativ« angesehen werden. Bei einer Rebirthing-Sitzung, bei der es durch eine besondere Atemtechnik zu veränderten Bewußtseinszuständen kommt, erlebte eine junge Psychologin ihre eigene Geburt noch einmal. Es war beeindruckend zu beobachten, wie sie am Boden liegend, zusammengekauert wie ein Fetus, atemringend um ihr Leben kämpfte. Sie erlitt buchstäblich einen Erstickungsanfall, versuchte immer wieder an ihren Hals zu greifen, und der leitende Therapeut mußte als »Hebamme« helfend einspringen, um sie zur Welt zu bringen. Sie berichtete uns danach, sie habe von klein auf in engen Räumen oder Fluren, in Aufzügen und beim Durchfahren von Tunnels unter Beklemmungszuständen gelitten, die teilweise von asthmatischen Beschwerden begleitet waren. Über die Umstände ihrer Geburt befragt, wußte sie nichts Bestimmtes zu berichten. Der Therapeut bat sie, Verbindung mit ihrer Mutter aufzunehmen, um Genaueres zu erfahren. Nach zwei Tagen erzählte sie unserer Gruppe ganz aufgeregt, daß sie ihre Mutter endlich telefonisch erreicht hätte. Tatsächlich war es zu einer Komplikation während der Entbindung gekommen. Die Nabelschnur hatte sich um ihren Hals gewickelt. Die Hebamme mußte den Arzt rufen, der dann aber in kürzester Zeit dieses Problem löste. Indem diese junge Frau die Motive ihrer späteren Ängste bewußt nacherlebt hatte, lösten sie sich nach und nach auf.

Deswegen sollten wir Fragen über unsere Geburt stellen. War sie objektiv schwer oder leicht? War die Mutter aktiv bei der Geburt beteiligt? Wer waren die Hebamme und der Arzt? War der Vater mit dabei? War die Mutter bewußtlos bei der Geburt? Fand die Geburt zu Hause statt oder auf der Entbindungsstation eines großen Krankenhauses? Durfte uns die Mutter nach der Geburt berühren und festhalten, oder trennte man sie zunächst auch räumlich von ihrem Kind? Durfte der Vater uns nur durch die Glasscheibe sehen, hielt er uns im Arm, oder fand eine erste Berührung erst Tage später zu Hause statt? Diese erste postnatale Periode beeinflußt die Dreierbeziehung Mutter-Vater-Kind in einem großen Maß, und viele ungünstige Verhaltensweisen in unserem Grundprogramm, wie zum Beispiel Kontaktmangel, fehlendes Selbstbewußtsein oder auch Trennungsängste, sind Folgen unerfreulicher Umstände während der ersten acht Lebenstage unseres Erdendaseins.

In den folgenden Wochen und Monaten erlebt das Kind also nicht nur die Gedanken- und Gefühlswelt der Mutter, sondern vor allem auch die des Vaters. Die Modelle der Weiblichkeits- und der Männlichkeitsvorstellungen werden in dieser Zeit gebildet.

Der Säugling kommuniziert zunächst über das Sehen, Fühlen, Schmecken und Riechen mit seiner Umwelt, wobei schon sehr früh versucht wird, Laute zu imitieren. Vom ersten Lebensjahr an erlernt das Kind dann das wichtigste Instrument der Kommunikation: die Sprache. Geschwister und der erweiterte Familienkreis werden vom Kind mehr und mehr wahrgenommen, und es orientiert sich an ihnen.

Im Alter von fünf Jahren stellen sich schon bestimmte Muster dar, die wir durch die emotionalen Beziehungen aufgenommen haben und die wir dann als bewußte oder unbewußte Grundeinstellungen in die Zukunft projizieren. Sind wir mißtrauisch, oder können wir Vertrauen aufbringen? Wie stehe ich zu meinem Körper? Leide ich öfter an Schuldgefühlen, zweifle ich an mir, und wie und wann tauchen Schamgefühle auf? Wie sieht es innerhalb meiner Beziehungen zum eigenen und zum andern Geschlecht aus? Kann ich erkennen, daß es gewisse sich wiederholende Muster gibt, die mich einschränken? Indem wir Fragen über unsere Kindheit stellen, erkennen wir erklärende Zusammenhänge und können dann bewußt daran arbeiten, viele der dominierenden Negativeinstellungen zu verändern.

Ein guter Freund von mir, ein beruflich sehr geschätzter Mann, machte mir vor einigen Jahren am eigenen Beispiel klar, wie manche von Familienangehörigen »nur so dahingesagten« Äußerungen bei einem kleinen Kind so tief gehen können, daß sie unter Umständen ein einengendes Negativmuster ergeben, das uns ein Leben lang prägt.

Im Alter von fünfundvierzig Jahren erstellte er eine Art Lebensbilanz. Er erkannte, daß er als Biochemiker einfallsreicher und kreativer gewesen war als viele seiner Kollegen. Er hatte eine ganze Serie von umweltfreundlichen Produkten erfunden, die sich erfolgreich auf dem Markt verkauften. Er erkannte aber auch, daß zwar seine Freunde durch seine Erfindungen zu Geld gekommen waren, er aber immer noch sehen mußte, wie er mit seinem nicht gerade übermäßig hohen Gehalt zu Rande kam. Es war ihm klar, daß er nicht zu denen gehörte, die unbedingt Millionär werden wollten. Andererseits war ihm aber auch klar, daß er sich immer gewünscht hatte, ein so gutes Auskommen zu haben, daß er mehr Zeit in seine Forschungsarbeit investieren könne. Es ging ihm auf, daß hier ein unbewußtes Negativmuster wirkte, das ihm verbot, mehr als das gerade notwendige Geld zu verdienen. In einer tiefen Entspannung arbeitete er daran, dieses Muster zu erkennen und aufzulösen. Die Erinnerung führte ihn zurück in die Zeit noch dem großen Börsenkrach von 1929. Seine Eltern, die Großeltern und viele Freunde hatten damals ihr gesamtes Vermögen verloren. Aus einem reichen Wohnviertel mußten sie in ein ärmeres umziehen. Die ganze Familie mußte lernen, mit wenig Geld auszukommen. Er erlebte verschiedene Szenen aus dieser frühen Kindheit wieder. Er war gerade fünf Jahre alt. Die Familie saß im Wohnzimmer zusammen bei einer Tasse Tee. Die Erwachsenen unterhielten sich über die allgemeine mißliche Lage, und plötzlich hörte er deutlich die Stimme seines Großvaters, die in eine momentane Stille hineintönte: »Es sollte uns allen aufgehen, daß nur Gangster und Schurken heutzutage Geld haben. Ein ehrlicher Mensch hat kein Geld.« Ein halbes Leben lang war mein Freund von diesem Satz so stark geprägt worden, daß sein Gewissen ihm verbot – sei es auch durch fleißige Arbeit –, viel Geld zu verdienen; denn er wollte ja kein Schurke sein.

Als Menschen sind wir einzigartig. Wir besitzen eine angeborene Offenheit, Güte, Anständigkeit und natürliche Neugierde.

Alles erscheint uns als Kind gleich wissenswert. Wir erkunden die Familie, das Haus, die Freunde und die nähere Umgebung. Wir stellen staunend Fragen über Fragen. Die Kindheit ist die Phase, in der wir am aufnahmefähigsten sind, am phantasievollsten, am kreativsten. Im Drang nach Neuem sind Kinder unersättlich. Kinder sind genial. Wir alle waren als Kinder Genies.

Was ist aus uns geworden? Mit dem Eintritt in Kindergarten und Schule, manchmal schon früher durch die Erziehung der Eltern, wurden wir darauf getrimmt, ein nützliches Glied der Gesellschaft zu werden. Es war wesentlicher, uns das schlußfolgernde logische Denken sowie Pflicht, Gehorsam, Leistung und Fleiß beizubringen als Harmonie, Liebe, Freude, künstlerisches Schaffen und Schönheit. Die meisten von uns haben leider zu früh mit dem Fragen aufgehört. Wir wurden abgestumpft, unsere Originalität wurde uns genommen: Wir wurden genormt.

Natürlich würden viele mir entgegenhalten, daß es noch nie eine Gesellschaft mit so vielen Freiheiten gegeben habe. Noch nie wurden wir so frei erzogen. Aber wird hier nicht das Wort Freiheit mißgedeutet? Freiheit hat wenig zu tun mit Zügellosigkeit, Verantwortungslosigkeit, Gewalttätigkeit, dem Kult an Häßlichkeit und dem Schwinden moralischer Werte. Sie sind die Folgen einer weitverbreiteten Orientierungslosigkeit, die in der öffentlichen und privaten erzieherischen Fürsorge herrscht.

Freiheit heißt: Ich als Mensch stehe mit meinem verantwortungsvollen Handeln und Denken der Welt gegenüber. Ich bin frei, mich selbst positiv zu verändern – und dadurch trage ich dazu bei, mich selbst und die Dinge um mich herum in die Ordnung zu rücken.

Fragebogen, um Grundmuster zu erkennen

Beginnen Sie bei den Eltern

| Gute | Weniger gute | Eigenschaften des Vaters |
| Gute | Weniger gute | Eigenschaften der Mutter |

Menschen, die mir etwas bedeuten (Freunde, Verwandte, Partner)

| Gute | Weniger gute | Eigenschaften |

Ich selbst

| Gute | Weniger gute | Eigenschaften |

Wenn Sie diese Listen zusammengestellt haben, vergleichen Sie sie. Wahrscheinlich werden Sie feststellen, daß Sie bewußt, aber vor allem auch unbewußt sowohl in den Freunden als auch beim Partner charakterliche Tendenzen gesucht haben, die denen Ihrer Eltern entsprechen. Sie werden auch feststellen, daß Sie gerade auch durch die Eigenschaften angezogen wurden, die Sie bei sich selbst als störend empfinden. Sie werden zugeben müssen, daß Sie sowohl ähnliche positive als auch negative Muster aufweisen wie Ihre Eltern.

Nehmen Sie sich vor, daran zu arbeiten, Ihre eigenen Negativtendenzen bewußt zu verändern. Versuchen Sie in der Zukunft Freunde oder Partner zu finden, die mehr als nur das Spiegelbild Ihrer Eltern sind. Suchen Sie geduldig nach weiteren Teilen, die zu Ihrem Gesamtpuzzle »Grundprogramm« gehören. Stellen Sie Fragen über die pränatale Zeit, die Geburt und die postnatale Phase, über die Familie, den Kindergarten und die Schule. Beschäftigen Sie sich mit Ihren Ahnen und den Sitten des Volkes, aus dem Sie stammen. Nach und nach werden Sie die Person kennenlernen, die Sie tatsächlich sind.

Zusammenfassung

- Das Grundprogramm – unsere Triebe – die Geschichte unserer Ahnen.
- Die vorgeburtliche Zeit – die postnatale Phase.
- Die Kindheit – Schulzeit.
- Wodurch entstehen negative Muster?
- Fragebogen.

Die Entspannung –
ein Weg zur Selbsterkenntnis

Meine Großmutter besaß ein altes Rezept, das sie ihrerseits von ihrer Großmutter erhalten hatte für süß-sauer eingelegte Schalotten. In der ganzen Familie waren sie berühmt und berüchtigt. Berüchtigt, weil niemand, der begonnen hatte, von ihnen zu naschen, damit aufhören konnte. Die Vorbereitung begann am Tag zuvor mit dem Besuch auf dem Markt, wo alle Zutaten eingekauft wurden. Manchmal gab es keine Schalotten, dann kauften wir Zwiebeln. Sie wurden geschält, und meine Großmutter entfernte sorgfältig Schicht um Schicht, bis ein walnußgroßer perliger Kern übrigblieb. Die Schichten wurden mit den Kräutern zerhackt und kamen in den Sud. Bei dieser Arbeit machte meine Großmutter ausgiebigen Gebrauch von einem Taschentuch, wenn der beißende Geruch ihr die Tränen in die Augen trieb, und dabei pflegte sie ab und zu seufzend zu sagen: »Siehst du, wenn man an etwas Gutes kommen möchte, braucht es viel Geduld, und ab und zu muß man dabei weinen.«

Unsere Seele besteht wie diese Zwiebeln aus verschiedenen Schichten. Die äußere oder Fassadenschicht ist uns bekannt. Sie besteht aus den verschiedenen sozialen Rollen, die wir im tagtäglichen Leben, im Wachbewußtsein spielen. Wir spielen die Rollen der Personen, die wir selbst sein wollen, und wir spielen die Personen, die die anderen in uns sehen. Auf der beruflichen Ebene sind wir höflich, fleißig und angepaßt, innerhalb der Familie geben wir uns pflichtbewußt, liebevoll, verständnisvoll. In der Partnerschaft sind wir je nach dem, wie es die Situation erfordert, lustig, leidenschaftlich, diplomatisch, spielen Mami oder Papi. Bei unseren Freunden schlüpfen wir wieder in verschiedene Haupt- oder Nebenrollen. Zweifellos sind wir jede einzelne dieser Personen, denn wir sind eine multiple Persönlichkeit. Der Vergleich zu den zwölf Häusern in der Astrologie liegt hier nahe, denn jeder von uns besteht aus mindestens zwölf Personen.

Diese zwölf Personen besitzen gute, weniger gute und auch recht unbequeme Eigenschaften. Wir neigen dazu, nur die guten Aspekte nach außen dringen zu lassen.

Die negativen, unguten Gefühle und Gedanken möchten wir verleugnen und vergessen – also alle negativen Aspekte dieser Personen. Sie leben allein gelassen in den mittleren Schichten unserer Seele, aber sie sind real und existent. Es sind die neidischen, angstvollen, aggressiven, depressiven, müden und traurigen Personen. Sie sind enttäuscht, fühlen sich minderwertig und wollen Macht ausüben. Deswegen möchten wir sie meiden, wir wollen ihnen entfliehen und lieber nicht über sie nachdenken. Bis zu einem gewissen Grad lassen sie es auch zu, daß wir sie abwehren. Manchmal jedoch, und zwar meist in Momenten, wo wir am wenigsten damit rechnen, erinnern sie uns an ihre Existenz und brechen mit einer ungeheuren Macht durch. Wenn dies geschieht, erschrecken wir und stehen uns selbst oft recht fremd gegenüber. Hat es nicht auch in Ihrem Leben Augenblicke gegeben, wo Sie sich fragten: Wie konnte ich nur so denken? Warum habe ich das gesagt? Wieso konnte ich so handeln?

Die innerste Schicht ist unser perlförmiger Wesenskern – unsere wahre Individualität. In ihr enthalten ist das Gute. Wenn wir auf diesen Kern stoßen, erkennen wir unseren numinosen Ursprung und begreifen den Sinn des Lebens.

Selbsterkenntnis heißt: Die mittleren Schichten unserer Seele anschauen, auch den Personen, die uns nicht angenehm sind, die Hand zu reichen und sie zu begrüßen. Nur indem wir das Negative in uns akzeptieren, begreifen wir, welche Kraft in ihm steckt, und erkennen dadurch, wie viele dieser Aspekte wir ins Positive umwandeln können.

Es gibt zwei Möglichkeiten, um an die mittleren und inneren Schichten unserer Seele heranzukommen: mit Hilfe einer Therapie oder durch Entspannung oder Meditation.

In der Therapie wird der Therapeut begleitend und hilfreich Mut machen bei dieser Innenschau. Er wird versuchen, Widerstände zu brechen. Wehrt sich der Patient, und ist er nicht bereit, sich zeitweilig fallen zu lassen, wird er auch hier nur eine äußerliche Rolle spielen, und die Therapie bleibt oberflächlich.

Die Entspannung bietet den Vorteil, daß wir uns allein unseren eigenen Rhythmus bestimmend anschauen. Unsere Seele, die immer bereit ist, mit uns zu kommunizieren, wird uns dabei helfend zur Seite stehen. Sie wird Ihnen nicht nur die etwas unangenehmen Personen vorstellen, sondern Ihnen auch Einblicke in Ihren innersten Wesenskern gewähren und zeigen, wie liebenswert und wertvoll Sie sind, welche Weite und Freiheit Ihnen geschenkt wurde bei der Wahl von Möglichkeiten, die Ihnen offenstehen.

Es gibt drei verschiedene Bewußtseinszustände:

1. Das normale Bewußtsein

Es besteht aus dem Wachbewußtsein und dem Schlaf mit seinen verschiedenen Phasen: den Tiefschlafphasen, den leichteren Schlafphasen und den Träumen – also all dem, was wir als normal bezeichnen. Essen, trinken, anziehen, ausziehen, Zähneputzen, waschen, reden, arbeiten usw. Auch im Wachbewußtsein während des Tages sind wir ganz unbewußt immer wieder in einem entspannten Zustand: beim Tagträumen, wenn wir vor uns hin dösen, wenn unsere Gedanken abschweifen; häufig auch bei routinemäßigen Arbeiten wie beim Kartoffelschälen, Zeitunglesen, Fernsehen, Autofahren. Plötzlich sind unsere Gedanken woanders. Wir fahren eine bestimmte Strecke jeden Tag, und eines Tages sind wir ganz überrascht und fragen uns:

Nanu, und wieso bin ich schon an dieser Kreuzung? Eine Wegstrecke von einer Stunde ist manchmal aus dem Sinn. Wir sind sie nicht bewußt gefahren, und woran haben wir gedacht? Auch das ist oft nicht mehr bewußt. Wir entspannen uns ganz automatisch jedesmal bevor wir einschlafen. Ohne diese Entspannung wäre ein Einschlafen nicht möglich.

2. Das krankhafte oder pathologische Bewußtsein

Durch ererbte krankhafte Veränderungen im Gehirn oder durch Unfälle während der Geburt kann ein Mensch mit einem krankhaften Bewußtsein geboren werden. Auch in späteren Jahren können Unfälle, physische oder psychische Erkrankungen zu diesen pathologischen Zuständen führen. Schizophrenie, Neurose, Psychose, Depression, Obsession oder Phobie gehören dazu.

Die Grenze zu ziehen zwischen dem, was normal ist und was nicht, ist nicht leicht.

Waren Sie schon einmal unsterblich verliebt? Haben Sie immer wieder verzückt auf das verknitterte Foto Ihrer/s Angebeteten gestarrt? Gab es Momente in Ihrem Leben, in denen Sie von einem Wunsch oder einer Idee besessen waren? So besessen, daß Sie an nichts anderes mehr denken konnten? Gab es Augenblicke, in denen Sie alles hinschmeißen wollten, Ihres Lebens überdrüssig waren und sich fragten, wozu das Ganze? Wenn ja, dann befanden Sie sich schon öfter, wenn auch nicht in einem krankhaften, so zumindest in einem nicht ganz normalen Bewußtseinszustand – wie übrigens jeder Mensch. Ich wünsche mir, daß Sie häufig in diese Grenzbereiche geraten: in Phasen, in denen Sie traurig oder sehr wütend, verliebt oder auch einmal besessen von einer Idee sind, Phasen, in denen Sie vor überquellender Kraft und Freude Bäume ausreißen oder jeden umbringen könnten. Ein Leben ohne diese Phasen ist ein inhaltsloses, ein leeres und langweiliges Leben. In diesen Phasen lernen und reifen wir.

3. Der außergewöhnliche Bewußtseinszustand

Wir können durch die Einnahme von Medikamenten oder Drogen in außergewöhnliche Bewußtseinszustände gelangen. Dies kann aber auch auf ganz natürliche Weise geschehen, zum Beispiel durch Musik: Wenn Sie in einem Konzert sind und ganz in der Musik versinken, in einer Disko, wenn Sie bei Rock- oder Popmusik beim Tanzen in eine Art von Trance fallen und nur noch mit dem Körper dem Rhythmus folgend alles um sich herum vergessen; genauso beim Beten, bei bestimmten Leibesübungen, die vom Yoga her bekannt sind, beim Singen liturgischer Hymnen und Aussprechen von Mantren; wenn Sie kreativ tätig sind, also etwas erschaffen, wie beim Malen, Komponieren, Zeichnen, Modellieren oder Schreiben.

Auch bestimmte konzentrative Sportarten führen zu diesen Zuständen.

Robert A., ein sehr bekannter Marathonläufer, erzählte mir einmal von so einer Erfahrung. »Bei einem Marathonlauf in Berlin befand ich mich in einem Zustand der äußersten Erschöpfung. Jeder Muskel schmerzte, ich hatte einen Wadenkrampf, meine Beine schienen mir nicht mehr zu gehorchen, mein Herz schlug bis zum Hals, ich hatte leichte Sehstörungen und dachte, ich müßte aufgeben. Plötzlich jedoch war alles verändert. Ich war sozusagen nicht mehr in mir, sondern aus mir heraus. Meinen Körper spürte ich gar nicht mehr. Mein Denken war von einer Klarheit, wie ich es seitdem nicht mehr erlebt habe. Ich sah die gesamte Strecke, die noch vor mir lag, und wußte, ich würde gewinnen.«

Viele Menschen machen ähnliche Erfahrungen in Momenten des Schocks oder in Situationen, in denen sie von den Ereignissen überrollt werden.

Alexandra erzählte mir von ihrer Wahl zur Miß Austria: »Ich hatte mit meiner Wahl überhaupt nicht gerechnet. Als dann mein Name fiel, wurde ich von einer ungeheuren Emotion ergriffen. Tränen rannen über mein Gesicht, und ich konnte kaum ein Wort hervorbringen. Ich sollte ein Interview geben, das *life* übertragen wurde, und ich fühlte mich dazu außerstande. Doch auf einmal war alles ganz anders. Ich stand mir selbst gegenüber und war zur Beobachterin der ganzen Situation geworden. Während die Kameras liefen und der Reporter Fragen stellte, erinnere ich mich noch, wie ich dachte: Ich muß jetzt so tun, als ob die Situation, die ich erlebe, ganz normal ist. Das heißt, ich mußte der Person, die mir gegenüberstand und die ich selber war, die Worte in den Mund legen, die sie sagen sollte. Es kam mir vor, als würde ich deswegen sehr langsam sprechen. Später sagten mir alle, die dabei waren, ich habe ein sehr gutes Interview gegeben und spontan und natürlich reagiert.«

Carlos B., einer der größten peruanischen Unternehmer, berichtete: »Mein Vater war von einer Terroristengruppe ermordet worden. Ich stand noch voll unter dem Schock, und nur zwei Tage danach sollte eine wichtige Vorstandssitzung mit den Hauptaktionären stattfinden. Seit Abschluß meines Studiums hatte ich im Unternehmen meines Vaters mitgearbeitet, war über alles informiert und wußte auch Bescheid über die damalige finanzielle Krise, in der wir uns befanden. Trotzdem wurde ich von Panik ergriffen, denn letztlich war mein Vater derjenige, der alle wesentlichen Entscheidungen getroffen hatte. Nach zwei schlaflosen Nächten, in denen mir klargeworden war, welche Verantwortung ich zu tragen hatte, war ich völlig aufgelöst. Angstschweiß lief mir den Körper herab, ich hatte Atembeschwerden. Noch während ich am runden Tisch den Sessel meines Vaters einnahm, war mir klar, daß ich mich entschuldigen und die Sitzung vertagen würde. Doch plötzlich veränderte sich die Situation. Eine tiefe innere Ruhe überkam mich, ich nahm die Menschen um mich herum transparent war. Ihre Gedanken standen sozusagen als Tatsachen im Raum, und ich konnte sie lesen. Ich wußte, wer mit guten und wer mit weniger guten Absichten gekommen war. Nie wieder in meinem

Leben habe ich so richtige, beinah hellsichtige Entscheidungen getroffen wie bei dieser Sitzung.«

Mein Vater beeindruckte mich als Kind mit einer Geschichte, die sich gegen Ende des Krieges zugetragen hatte: »Es war in der Ukraine. Das ganze Bataillon war durch die Kampfhandlungen auseinandergesprengt. Gegen Abend erhielten wir den Befehl, uns am nächsten Morgen um elf Uhr bei einer Weggabelung in der Nähe eines kleinen Dorfes einzufinden. Wir hatten keine einzige Karte zur Verfügung, auf der dieses Dorf verzeichnet war. Wir kannten nur die etwaige Himmelsrichtung und hatten keinen Kompaß. Wir waren völlig übermüdet, überanstrengt und ausgehungert. Eigentlich fühlte sich niemand mehr zu diesem Nachtmarsch imstande, noch dazu ohne genau zu wissen, wohin es ging. Am nächsten Tag gegen elf Uhr waren wir alle vollzählig bei dieser Weggabelung versammelt. Niemand konnte sich erklären, wie wir dorthin gefunden hatten.«

Wir erreichen diese außergewöhnlichen Bewußtseinszustände bei Entspannungen und Meditationen. Es gibt verschiedene Arten der Meditation. Ich möchte sie in zwei Hauptgruppen aufteilen.

Meditation kommt vom lateinischen *meditatio* – das Nachdenken. Es ist eine sinnende kontemplative Betrachtung mit einer spirituellen Ausrichtung, eine geistig-religiöse Übung, die besonders im Hinduismus und Buddhismus, aber auch im Christentum und im Islam verbreitet ist. Jede Denkaktivität sollte möglichst ausgeschaltet werden. Man bedient sich hierbei des Atems, um zur Ruhe des Geistes zu gelangen. Häufig ist eine bestimmte Körperhaltung erforderlich: der Sitz mit gekreuzten Beinen, der Fersensitz, das Sitzen auf einer Meditationsbank. Der Mensch gerät ins passiv Schauende. Das Ziel ist, das eigene Selbst und Gott in diesem Selbst zu erfahren. Es ist der Weg des Schweigens, auf dem es vielleicht zu Erleuchtungserfahrungen und Visionen kommt oder das absolute »Nichts« als Fülle erlebt wird.

Die heilige Theresia von Ávila bringt in einem ihrer Gedichte die Suche nach dem Selbst zum Ausdruck.

»Seele, suche dich in mir
und suche mich in dir.
Die Liebe, Seele, läßt dich
in mir widerspiegeln ...«

Bei dieser Art der Meditation ist es notwendig, eine sehr tiefe Bewußtseinsstufe zu erreichen.

Zur zweiten Gruppe gehören die konzentrativen Selbstentspannungen. Es sind methodische Verfahren, die in der Einzel- oder Gruppentherapie vermittelt werden, um funktionelle Störungen der Organtätigkeit oder Verspannungen zu beseitigen. Diese Methoden werden vor allem bei ärztlichen und therapeutischen Behandlungen angewandt. Das autogene Training von I. H. Schultz, mit dem ich selbst in meiner therapeutischen Praxis gearbeitet habe, gehört in diese Gruppe, ebenso wie der Couéismus, so benannt nach Emile Coué – eine Methode, die dem Patienten die Wirksamkeit der Autosuggestion lehrt.

1975 lernte ich die dynamische Meditation oder aktive Entspannung von José Silva kennen. Sie ist auch bekannt unter dem Namen: die Silva Mind Control (SMC) oder kurz Silva Methode.

Für mich ist sie zweifellos die umfassendste und praktischste Entspannungsmethode, die ich kenne. José Silva, einem Texaner mexikanischer Abstammung, ist es gelungen, eine Synthese zu schaffen aus gewissen Praktiken, die in östlichen und westlichen meditativen Disziplinen enthalten sind. Er hat sie mit seinen eigenen reichhaltigen Erfahrungen und Ideen kombiniert und sie zu einem praktischen, logischen, klar strukturierten Kurs vereint, der 40 bis 48 Stunden dauert.

Es ist eine selbsterzieherische Methode, bei der Sie lernen, sich jederzeit und überall zu entspannen: im Sitzen, Stehen,

Liegen, beim Gehen und auch während der Arbeit, und zwar immer dann, wenn es die Situation erfordert – um Probleme zu lösen, bessere Entscheidungen zu treffen, kreativer und intuitiver zu werden; um sich selbst und andere besser zu verstehen, um Ihre gesundheitlichen Probleme zu lösen, um Ziele zu erarbeiten und zu erreichen. Sie brauchen hierbei keine bestimmte Körperhaltung einzunehmen und keine bestimmte Atemtechnik. Sie können die geistigen Techniken, die Ihnen vermittelt werden, allein und ohne die Hilfe eines Arztes oder Therapeuten anwenden. Hier sollen keine Trancezustände erlangt werden. Sie lernen in einer leichten Entspannung, Ihre eigenen Gedanken zu steuern, um Probleme zu lösen. Mind Control hat nichts damit zu tun, Ihren Mann, Ihre Frau, Ihre Kinder oder andere zu kontrollieren, sondern Sie lernen sich selbst, Ihre eigenen Gedanken mehr unter Kontrolle zu bringen. In Ihre persönlichen, religiösen oder Glaubenseinstellungen mischt sich diese Methode nicht ein. Das ist auch der Grund, weshalb der Kurs heute in achtzig Ländern von etwa 460 authorisierten Ausbildern abgehalten wird. Etwa acht Millionen Menschen haben daran teilgenommen. Die Arbeitsunterlagen wurden inzwischen in einundzwanzig Sprachen übersetzt, unter anderen ins Arabische, Hebräische und ins Swahili. Als ich vor fünfzehn Jahren erfuhr, daß es nur Imitationskurse im deutschsprachigen Gebiet gab, übersetzte ich sie ins Deutsche und habe den Kurs in Deutschland, Österreich und der Schweiz eingeführt. Dank meiner Mitarbeiter gibt es heute in diesen Ländern über 20 000 Absolventen. Die Kurse wurden an Universitäten, in Schulen und Krankenhäusern abgehalten. Psychologen, Therapeuten und Psychoanalytiker verwenden Elemente aus dem Kurs in der Therapie, zum Beispiel bei Drogen- oder anderen Abhängigkeiten sowie bei Alkoholismus. Ärzte schicken Patienten in die Kurse, damit sie lernen, mit ihren gesundheitlichen Problemen besser fertig zu werden. Lehrer bringen Schülern gewisse Lerntechniken bei, Krankenschwestern und Pfleger verwenden die Techniken, um in ihrem schweren Beruf ausgeglichener zu bleiben und den Patienten besser helfen zu können. Doktor- und Lizentiatsarbeiten wurden über einzelne Themenbereiche oder die gesamte Methode geschrieben.

Ein namhafter Unternehmer, Carl O., sagte mir einmal: »Ich habe das SMC sogar in mein Autokennzeichen aufnehmen lassen. In meiner Firma rätseln nun alle, ob es ›Seine Majestät Carl‹ bedeutet. Es steht aber für ›Silva Mind Control‹. Ich möchte immer wieder daran erinnert werden, welche wertvollen Werkzeuge ich in die Hand bekommen habe. Ich verwende die Techniken ständig. Im privaten Leben und im Beruf. In beiden Bereichen habe ich wesentlich mehr Erfolge als früher. Ich bin ein anderer Mensch geworden.«

In der Medizin, Psychologie, Tiefenpsychologie und Psychoanalyse werden teilweise gleiche Begriffe verwendet, die dann jeweils unterschiedliche Bedeutungen haben. Um Verwechslungen auszuschließen und Unklarheiten zu vermeiden, hat die Silva Methode ihre eigene Terminologie entwickelt.

Anstatt vom Wachbewußtsein sprechen wir von der **Äußeren Bewußtseinsstufe**. Auf dieser Stufe speichern Sie vermittels Ihrer äußeren Sinne – dem Sehen, Hören, Fühlen, Schmecken und Riechen – Informationen. Unsere Wahrnehmungsfähigkeit ist auf dieser Stufe begrenzt. Sie können nur bis in eine gewisse Entfernung sehen, hören und riechen. Sie können nur schmecken und ertasten, was sich in Ihrer unmittelbaren Nähe befindet. Weder können Sie durch Wände hindurch- noch in einen Menschen hineinsehen. Sie können bestimmte Geräusche auch von weitem identifizieren, können also hören, ob jemand Klavier oder Geige spielt. Aber könnten Sie sagen, ob ein Mann, eine Frau oder ein Kind dieses Instrument spielen und wie der Betreffende aussieht? Können Sie sehen, was Ihr Geschäftspartner denkt?

Man kann die Hirnwellen mit Hilfe des Elektroenzephalogramms (EEG) in Schwingungen pro Sekunde messen (Hertz).

Auf der Äußeren Bewußtseinsstufe sind die Gehirnzellen sehr aktiv, normalerweise arbeiten sie um die 21 Zyklen pro Sekunde. Es sind die schnellen Betafrequenzen. Sobald Sie von negativen Emotionen ergriffen werden, wie Angst, Wut, Aggression, sobald Sie nervös sind, unter Streß stehen oder Schmerzen haben, verstärkt sich die Gehirntätigkeit, und die Anzahl von Hertz steigt, manchmal bis zu 40 bis 50 Hertz. Später würden Sie vielleicht von diesen Momenten sagen: Ich war völlig **außer** mir.

Auf der Äußeren Bewußtseinsstufe sind Konzentrationsfähigkeit und Gedächtnis nicht optimal. Die Zellen arbeiten zu schnell, um gut speichern zu können. Falls Sie gesundheitliche Probleme haben, ist auch der Heilrhythmus innerhalb der einzelnen Zelle nicht optimal. Berufliche und private Probleme werden Ihnen häufig unlösbar erscheinen, weil Ihre negativen Gefühle und Einstellungen verhindern, Lösungsmöglichkeiten zu finden.

Demgegenüber steht die **Innere Bewußtseinsstufe,** zu der wir einen Zugang in der Entspannung haben. Sie ist das Tor zu unserer inneren Welt. Hier arbeiten wir mit unseren inneren Sinnen, dem inneren Sehen, Hören, Fühlen, Schmecken und Riechen. Die Silva Methode lehrt diese inneren Sinne genauso systematisch einzusetzen wie die äußeren. In der leichten Entspannung ist unsere Wahrnehmungsfähigkeit unbegrenzt. Sie können Ihre Gedanken überall hinschicken. Durch Wände hindurch, in die Ferne, hinein in einen Menschen oder in Dinge. Sie können sich vorstellen, wie etwas riecht oder schmeckt oder sich anfühlt, ohne es vor sich zu haben. In diesem Zustand herrschen die ruhigeren Alphawellen mit einer Frequenz von etwa 10 Hertz vor. In der Entspannung fallen alle negativen Emotionen von Ihnen ab. Dadurch haben Sie mehr Abstand zu Ihren Problemen und können Sie besser lösen. Die Konzentrationsfähigkeit und das Erinnerungsvermögen steigern sich. Wenn Sie Schmerzen haben, vermindern sie sich oder verschwinden ganz. Der Heilrhythmus in unserem gesamten Körper und das Immunsystem funktionieren besser. Intuition und Kreativität werden angekurbelt. Sie werden mit positiver Energie aufgeladen. José Silva ist jetzt 78 Jahre jung. Wenn Sie ihn bitten, Ihnen Richtlinien und Ratschläge für Ihr Leben zu geben, würde er Ihnen sicherlich mit zwei Sätzen antworten: »Wir sind nicht auf dieser Erde, um Probleme zu schaffen, sondern um sie zu lösen.« Und: »Unsere Erde ist wie ein Flughafen, auf dem wir knappe zwei Minuten Zeit zum Umsteigen haben. Nützen Sie diese Zeit aus.«

Ich selbst möchte hinzufügen: »Beginnen Sie noch heute damit.«

Entspannung heißt: sich wohl fühlen. Nicht mehr und nicht weniger. Sie versinken in keinen Zustand, in dem Sie nichts mehr um sich herum wahrnehmen. Sie werden nach wie vor registrieren, wenn Türen gehen, Menschen sprechen, ein Telefon klingelt oder Lärm von der Straße zu Ihnen dringt. Aber es wird Sie nicht stören.

Lernen Sie zunächst, sich im Sitzen zu entspannen. Wenn Sie viel üben, werden Sie es später auch in jeder anderen Körperhaltung können.

Setzen Sie sich in einer möglichst bequemen Haltung auf einen Stuhl oder in einen Sessel. Schließen Sie die Augen. Atmen Sie mehrmals tief ein und aus. Stellen Sie sich vor, daß bei jedem Ausatmen Ihr Körper lockerer und gelöster wird.

Denken Sie danach nicht mehr über das Atmen nach. In der Entspannung wird die Atmung von ganz allein ruhiger, gleichmäßiger und tiefer. Zählen Sie nun langsam von 10 bis 1 abwärts, und sagen Sie dabei ab und zu »tiefer«, um sich bewußt zu machen, daß Sie weiter und weiter in die Entspannung hineingleiten.

10–9	tiefer und tiefer
8–7	
6	tiefer und tiefer
5–4	
3	tiefer und tiefer
2–1	

Wenn Sie bei 1 sind, haben Sie eine tiefere Bewußtseinsstufe erreicht, eine Stufe, die vollkommener und gesünder ist. Wir nennen diese Stufe: **die Grundstufe 1.** Wenn Sie viel üben, werden Sie diese Grundstufe schneller und schneller erreichen.

Auch wenn Sie mit dem besten Willen, sich zu entspannen, Ihre Grundstufe erreicht haben, werden Sie feststellen, daß Ihre Gedanken immer wieder einmal abschweifen und in die Unruhe kommen. Es fällt Ihnen ein, daß Sie noch etwas diktieren sollten oder ein Geschenk für jemanden besorgen müssen, daß Sie vergessen haben, jemanden anzurufen oder mit dem Hund Gassi zu gehen. Lassen Sie sich durch das Abschweifen der Gedanken nicht irritieren. Es gibt ein einfaches Hilfsmittel, es nicht zuzulassen. Sobald Sie Ihre Grundstufe erreicht haben, stellen Sie sich vor, an einem Ort zu sein, der für Sie ideal für die Entspannung ist. Es sollte ein Ort sein, der tatsächlich existiert, an den Sie sich mühelos erinnern können. Ein Ort, an dem Sie sich wohl fühlen. Vielleicht gab es in einem bestimmten Urlaub einen besonders schönen Strand oder beim Wandern in den Bergen einen romantischen Aussichtspunkt; ein bestimmter Platz in einem Wald, den Sie öfter aufsuchen, oder vielleicht denken Sie manchmal in die Kindheit zurück, an eine Stelle in einem Garten oder an einem Bach, an der Sie gern allein waren. Sie können alles mögliche wählen, nur bitte nicht das Bett. Es kommt sonst bei vielen Menschen zur Assoziation Schlaf. Entspannen und schlafen sind jedoch zweierlei.

Bleiben Sie auf der Grundstufe, an Ihrem idealen Entspannungsort, so lange Sie möchten.

Was passiert, wenn Sie niesen oder husten müssen, oder falls es Sie juckt? Gar nichts. Niesen, husten oder kratzen Sie sich nach Herzenslust. Momentan kommen Sie zwar etwas aus der Entspannung heraus, finden dann aber um so schneller wieder hinein, indem Sie die Prozedur nochmals wiederholen. Abwärts zählen von 10 bis 1 und gedanklich an Ihren idealen Entspannungsort gehen.

Genauso wie Sie sich in die Entspannung hineingezählt haben, zählen Sie sich auch wieder heraus.

Sie sagen sich: »In einem Augenblick werde ich bis 5 zählen. Bei 5 werde ich die Augen öffnen, hellwach und zufrieden sein.«

- 1 – 2 – 3 – Bewegen Sie sich etwas, und wiederholen Sie innerlich: »Bei 5 werde ich die Augen öffnen, hellwach und zufrieden sein.«

- 4 – 5 – Öffnen Sie Ihre Augen, und sagen Sie sich innerlich: »Ich bin hellwach und sehr zufrieden.«

Auch wir können Ihnen leider keinen Zauberstab anbieten, mit dem Sie etwas berühren und es damit in Gold verwandeln. Wir können Ihnen nur Werkzeuge anbieten, mit denen Sie lernen müssen, umzugehen. Mit anderen Worten: Jeder Erfolg kommt durch Arbeit.

José Silva sagt zu diesem Thema: »Einmal täglich üben ist gut, zweimal täglich ist besser, dreimal täglich ist ausgezeichnet. Fünf Minuten üben ist gut, zehn Minuten sind besser, fünfzehn Minuten sind ausgezeichnet. Bei Gesundheitsproblemen üben Sie dreimal täglich je fünfzehn Minuten.«

Zusammenfassung

- Unsere Seele besteht aus verschiedenen Schichten. Nur zur äußeren haben wir einen direkten Zugang. Zur mittleren und inneren Schicht haben wir durch eine Therapie oder in der Meditation Zugang.

- Es gibt verschiedene Arten der Meditation: die spirituelle, religiös ausgerichtete Meditation; die konzentrative Selbstentspannung; die dynamische oder aktive Meditation von José Silva. Es ist eine selbsterzieherische Methode, die allein ohne therapeutische oder ärztliche Begleitung ausgeführt werden kann. Äußere Bewußtseinsstufe – Innere Bewußtseinsstufe.

- Anleitung zur Entspannung – das Erreichen der Grundstufe mit der Zähltechnik 10 bis 1. Herauskommen: 1 bis 5.

Suchen und finden Sie persönliche Ziele

In der Familie einer meiner Freundinnen gibt es einen Leitsatz: »Wer mich nicht schön und talentiert findet, hat keinen Geschmack.«

Übernehmen Sie diesen Satz. Wiederholen Sie ihn jeden Morgen, wenn Sie sich im Spiegel betrachten, bevor die Routine des Tages beginnt. Er vermittelt Selbstvertrauen. Wenn Sie ziellos durchs Leben irren, selten Spaß an den Dingen finden, häufig mutlos und niedergeschlagen sind, dann hängt es damit zusammen, daß Sie sich selbst nicht mögen. Und wenn Sie sich selbst nicht mögen, sind Ihre Einstellungen dem ganzen Leben gegenüber negativ. Dann ist das Leben sinnlos, und Sie finden in nichts Befriedigung.

Vor einiger Zeit wurde ein interessantes Interview im Fernsehen gebracht. Man stellte Schauspielern, Wissenschaftlern, Managern, Hausfrauen, Studenten und Schülern die Frage: »Was ist für Sie der Sinn des Lebens?« Die meisten starrten bei dieser Frage fassungslos in die Kamera. Andere bekamen einen Lachkrampf. Manche wendeten sich einfach ab, wieder andere reagierten zynisch: »Saufen, was sonst, oder Pornos gucken.« Ein Viertel der Befragten versuchte wenigstens eine intelligente Antwort zu geben: »Die Familie ..., der Beruf ..., Abwechslung zu haben ..., Reisen ..., der jährliche Urlaub.« Einige wenige grübelten lang und kamen ins Philosophieren: »Schon Seneca hat gesagt, daß ..., Erkenntnisse sammeln ..., aus dem Käfig auszubrechen«. Oder sie kamen auf den Glauben zu sprechen: »Jesus erwähnt ..., Gott verlangt von uns ...« Nur zwei gaben die Antwort, die ich erwartet hatte: »Das Leben ist da, um es zu leben.«

Leben heißt: Lebendigsein, existieren, mit beiden Beinen in der Wirklichkeit stehen, die eigene Lebendigkeit an sich selbst und anderen erfahren, die Freiheit im Hier und Jetzt erkennen. Freude auch über Kleinigkeiten verspüren. Aber wie viele Menschen leben wirklich?

Es gibt bestimmte Typen von Menschen, denen man immer und überall begegnet:

- Den angepaßt nachahmenden Menschen, der sich durchs Leben quält.
- Den Motztypen, der meckernd die Schuld allen andern in die Schuhe schiebt.
- Den stumm Leidenden, häufig seufzenden, der mit einem Kleenex bewaffnet sein Schicksal erduldet.
- Den Schweigenden, der mit seinen vorwurfsvollen Blicken bestraft und sich nie äußert.
- Den Aggressiven, der in Wort und Tat ständig seine Rechte einfordert.
- Die Giftspritze, die nur durch Intrigen und üble Nachrede zur Selbstbefriedigung gelangt.
- Den Verzagten, der sich an andere klammert und mitschleifen läßt.
- Den Gleichgültigen, der achselzuckend auch über Leichen geht.
- Den hoheitsvoll Verachtenden, der sich völlig abkapselt und jedem zu verstehen gibt, wie überlegen er ist.
- Den Samaritertyp, der mit einem Rotkreuzhäubchen versehen nur seelischen Abfalleimer für andere spielt.
- Den immer Beleidigten, der sich ständig auf den Schlips getreten fühlt.
- Den Machtgierigen, der rücksichtslos alles an sich reißt.
- Den Arbeitsbesessenen, der wie ein gehetztes Wild durch die Tage hastet und sein Leben versäumt.

Es gibt denjenigen, der sein Leben in die Hand nimmt, in der Gegenwart lebt, sich mag und von anderen geschätzt wird.
Ich hoffe, Sie gehören zur letzteren Kategorie.

Die Entwicklung zu der Persönlichkeit, die wir werden sollten, bringt es mit sich, daß wir auch leidvolle Erfahrungen im Leben machen. So wird es nicht ausbleiben, daß wir immer wieder einmal Zeiten durchmachen, in denen wir uns nicht lebendig fühlen. Lebensabschnitte, in denen die Angst uns lähmt, die Sorgen übermäßig groß sind, ein Gefühl der Aussichtslosigkeit und Verunsicherung uns erfüllt, noch dazu, wenn die Außenwelt zusätzliche Streßfaktoren und Konflikte an uns heranträgt.

Es sind dies Zeiten, in denen wir meist sehr negativ eingestellt sind. Leider reagieren Körper und Seele gehorsam auf eine so negative Haltung. Erkrankungen können die Folge sein. Wir müssen lernen, aus solch dunklen Löchern wieder herauszukommen, und zwar möglichst schnell. Es gibt ein einfaches Hilfsmittel, wie Sie es anstellen können, sich selbst am Schopf zu packen und herauszuziehen.

Beginnen Sie damit, auf den Wortschatz zu achten, den Sie gebrauchen. Worte spiegeln unsere Gedanken wider. Sie werden schnell dahinterkommen, wie sehr Sie sich durch eine negative Ausdrucksweise selbst begrenzen. Sagen Sie öfter: Das ist unmöglich, das schaffe ich nie, dazu bin ich nicht fähig, das wird mir zuviel, mit der/dem kann man sowieso nicht vernünftig reden oder auskommen, ich fühle mich nicht mehr leistungsfähig, das ist mir zu riskant, in unserer Familie ist keiner flexibel, in unserer Familie hat es niemand zu etwas gebracht, das ist nun mal so, mein Vater hat schon immer gesagt: Du greifst zu hoch, bleibe bescheiden ... und und und! Merken Sie etwas? Wie sehr wir nämlich durch negative Meinungen in der Familie und in unserem Umfeld beeinflußt wurden! Wir haben diese Meinungen zu unseren eigenen Einstellungen gemacht, ohne zu überprüfen, ob das alles überhaupt stimmt und auf uns zutrifft. Wenn

Ihr Chef mit einer besonderen Aufgabe zu Ihnen kommt und Sie sagen ihm: »Das ist mir leider nicht möglich, weil diese Arbeit nicht in mein Gebiet fällt«, dann ist Ihre Aussage definitiv. Sie haben zu erkennen gegeben, daß Sie ein begrenzter Mensch mit begrenzten Fähigkeiten sind. Ihr Chef wird schleunigst zu einem Kollegen gehen, der sich über die Beachtung, die er findet, freut und sagen wird: »Wie interessant. Das ist endlich einmal etwas ganz Neues für mich. Ich habe so etwas noch nie gemacht, aber ich werde es schon schaffen.« Lernen Sie negative Worte aus Ihrem Vokabular zu streichen. Wenn Sie merken, daß Sie etwas Negatives gedacht oder ausgesprochen haben, sagen Sie sich: »Löschen«, und formulieren Sie es um. Wenn Sie konsequent durchhalten, verändern sich nach und nach auch Ihre Einstellungen. Sie werden ein positiveres Verhalten an den Tag legen. Sie werden mutiger, selbstbewußter und fröhlicher werden.

Eine Journalistin wurde durch die negativen Speicherungen, die sie von ihrer Familie von Kindheit an mitbekommen hatte, vierundzwanzig Jahre lang beeinflußt. »Ich war ein Einzelkind und noch dazu eine Frühgeburt. Bis zum Alter von sechs Jahren hatte ich schwere Asthmaanfälle. Von klein auf behandelte man mich wie ein rohes Ei: Das ist zu schwer für dich; du kannst das kräftemäßig nicht durchstehen; du bist zu schwach; Sport tut dir nicht gut; übernimm dich bloß nicht ... Solche und ähnliche Bemerkungen hatten mich konditioniert, mir rein gar nichts zuzumuten. Ich empfand mich schwach, hilflos und unselbständig. Zu allem Überfluß durfte ich aufgrund meiner, wie man meinte, schwächlichen Konstitution weder studieren noch an den üblichen Vergnügungen der Schulkameraden teilnehmen. Natürlich hatte ich keine Freunde. Ich hatte Angst vor allem, ging kaum mehr allein auf die Straße und lebte völlig abhängig von meinen Eltern. Eine Tante hatte den Silva-Kurs besucht und erzählte mir vom Umprogrammieren der Wörter und welchen Einfluß ein positiver Wortschatz auf unser Denken hat. Zunächst erschien mir das Ganze albern. Als ich mehr darüber nachdachte und auf meinen Wortschatz und den meiner Eltern achtete, erschrak ich richtig. Ich merkte, wie sehr es stimmte und wie negativ ich beeinflußt war. Ich begann systematisch »löschen« zu sagen und formulierte negative Gedanken und Worte um. Das machte mich stark. Nach einigen Monaten wußte ich, daß ich nicht so weiterleben wollte. Ich hatte Ziele und lernte meinen Willen durchzusetzen. Ich begann zu studieren, besuchte eine Gymnastikschule. Nach dem Studium fand ich meinen ersten Job und verdiene heute sehr gut als Redakteurin in einer bekannten Zeitung. Ich bin von zu Hause ausgezogen und habe einen festen Freund.«

Worte sind tatsächlich Energien. Durch Worte bringen wir unsere Gedanken zum Ausdruck. Sie rufen Bilder in uns hervor. Jedes Bild wird in unserem Gehirn produziert. Unser Gehirn dient als Schaltstelle für das gesamte Nervensystem. Unser Nervensystem beeinflußt unser körperliches Befinden. Wir können daraus schließen, daß jedes Wort einen direkten Einfluß auf unseren Körper hat.

Indem wir lernen, uns durch einen positiven Wortschatz positiv aufzuladen, entwickeln wir gleichzeitig einen wirksamen Schutz gegen die manchmal übergroße Negativität, die von außen an uns herangetragen wird, durch einzelne Mitglieder in der Familie, Kollegen in unserem Arbeitsbereich oder Horrormeldungen, die durch die Massenmedien verbreitet werden.

José Silva drückt es so aus: »Sie tragen eine große Verantwortung, was Ihren Wortschatz anbelangt, denn so, wie Sie sich heute ausdrücken, wird die Zukunft von morgen aussehen.« Vor allem Ihre eigene Zukunft!

Unser Lebensweg besteht eigentlich aus drei verschiedenen Wegen, die nach und nach in die eine große Straße hineinführen sollten: der private, der berufliche und der spirituelle Weg. Um vage Wünsche in konkrete Ziele umzuwandeln, um aus einer Ich-weiß-eigentlich-nicht-was-ich-will-und-soll-Haltung zu innerer Klarheit und einer Neuorientierung zu gelangen, müssen wir wissen, an welcher Stelle der verschiedenen Wege wir stehen. Sie sollten also ernsthaft darüber nachdenken, und zwar nicht nur im Wachbewußtsein, auf der Äußeren Bewußtseinsstufe, sondern auch auf der Inneren Bewußtseinsstufe, auf Ihrer Grundstufe 1. In der Entspannung werden Sie manchmal überraschende Einfälle haben. Ihre Gedanken sind ruhiger und klarer. Sie werden bessere Entscheidungen treffen und auch überzeugter von Ihren Entschlüssen sein.

Der private Weg: Einsamkeit – Familie – Beziehungen.

Roberto G., ein vierunddreißigjähriger erfolgreicher Zahnarzt, kam mit einer schweren Depression zu mir in die Praxis. Der Grund war Einsamkeit. Der Keim für diese Vereinsamung lag in seiner problematischen Mutterbeziehung. Im Alter von zwei Jahren verlor er seinen Vater. Liebe und wirkliche Fürsorge seitens der Mutter hatte er nie erfahren. Beim Tod des Vaters war sie achtzehn und mußte sich den Lebensunterhalt bei verschiedenen Familien als Haushaltshilfe verdienen. In ihrer Freizeit wollte sie sich vergnügen. Roberto bekam seine Mutter kaum zu Gesicht und wurde bei Tanten und Großmüttern, die eigentlich auch nicht an ihm interessiert waren, herumgeschoben. Er entwickelte sich zu einem überempfindlichen, ängstlichen Kind. Er erlebte die gleiche Verlassenheit, wie sie bei Waisenkindern, bei Kindern, die im Stich gelassen wurden, oder bei unehelichen Kindern zu finden ist. Erste ernsthafte Krisen mit Suizidgedanken tauchten bei ihm in der Pubertät auf. »Mein einziger Trost waren Bücher. Ich konnte mich in sie hineinflüchten und eine eigene Phantasiewelt aufbauen. Wir hatten jedoch so wenig Geld, daß ich mir nur wenige leisten konnte.« Mit fünfzehn sollte Roberto seine geliebte Schule verlassen und in der Werkstatt eines Tischlers arbeiten. »Damals dachte ich, ich bringe mich um. Mein Wunsch war es, zu studieren. Das war bei unserer finanziellen Lage nicht möglich.« Die unerhoffte Wende trat ein, als ein Bruder der Mutter, der nach Venezuela ausgewandert war, starb und dem Jungen Geld hinterließ. »Ich konnte dieses Glück kaum fassen. Ich bekniete meine Mutter, mich studieren zu lassen, und nach einigen Monaten durfte ich wieder zur Schule gehen. Ich legte das Abitur ab und begann Medizin zu studieren. In diesen Jahren ging es mir besser. Außer dem Studium hatte ich nichts anderes im Sinn. Ich ging restlos darin auf. Freunde interessierten mich nicht. Ich war einer der Besten an der Uni und bestand mein Examen mit Auszeichnung.« Die große innere Leere stellte sich bei Roberto erst wieder ein, als er schon einige Jahre lang mit Erfolg seine Praxis geführt hatte. »Die Arbeit macht mir nach wie vor Spaß und bestätigt mich irgendwie. Aber wenn ich dann abends in meinen vier Wänden bin, fällt mir die Decke auf den Kopf. Ich besitze heute eine große Bibliothek. Nach wie vor lese ich gern, aber man kann doch nicht immer lesen.« Ich fragte Roberto nach Freunden. »Ich habe keine. Freundschaften schließt man in der Jugend. Damals hatte ich keine Zeit dafür. Und heute? Wissen Sie, die meisten Männer meines Alters, die noch unverheiratet sind, wollen doch nur ausgehen, tanzen und trinken. Beides tue ich nicht.« Ich fragte ihn nach einer Freundin. »Ich hatte einige flüchtige Abenteuer. Wissen Sie, die meisten Frauen sind doch nur am Vergnügen interessiert. Vor kurzem habe ich eine Bekanntschaft gemacht. Sie ist aus guter Familie und bescheiden. Vielleicht sollte ich sie heiraten.« Ich machte Roberto klar, daß er seine Selbstzweifel und seine Vereinsamung wahrscheinlich auch in eine Ehe mit hineinnehmen würde. Partnerschaft bedeutet nicht, eine Einsamkeitsproblematik loszuwerden.

Seine Störungen mußten in ihrer ganzen Tragweite in einer Therapie erkannt und aufgearbeitet werden. Nach einer zweijährigen Therapie, bei der wir schrittweise die Ursache seiner Konflikte aufdeckten, hatte Roberto es geschafft, sich selbst in seiner Persönlichkeit zu erkennen. Seine bitteren Kindheits- und Jugendjahre hatte er als eine wertvolle Erfahrung integriert. Er wurde ein aufgeschlossener und fröhlicher Mensch.

In unserer heutigen Gesellschaft ist Robertos Fall kein Einzelfall. Auch in der Familie werden die Kontakte im härter werdenden Existenzkampf immer geringer.

Freundlichkeit, Mitgefühl, Geselligkeit, Gespräche finden kaum noch statt. Jeder steht unter Druck und Zeitmangel. Man redet im Telegrammstil. Wenn etwas Gemeinsames überhaupt noch getan wird, dann ist es das gemeinsame In-die-Glotze starren, wo wir förmlich überschüttet werden von brutalen oder kitschigen Serien. Als Folge treten immer stärker werdende Gefühle der Vereinsamung des einzelnen auf und dadurch auch immer mehr aggressives Verhalten. Jeder zieht sich aus Frustration, bedingt manchmal nur durch den Ton, der untereinander herrscht, vom anderen zurück. In der Familie von Freunden erlebte ich kürzlich folgende Szene: Die siebzehnjährige Tochter stürmte ins Zimmer, sichtlich aufgeregt. »Papa, bitte kann ich sofort mit dir allein reden. Ich brauche dringend einen Rat.« Der Vater blickte auf die Uhr; »Du weißt seit zwei Tagen, daß wir Freunde eingeladen haben. Übrigens ist es zwölf, und du solltest längst im Bett sein.« Die Tochter verließ türenschlagend die Wohnung. Merkwürdigerweise regte sich der Vater darüber auf.

Der Mensch ist ein geselliges Wesen. Leben wir diese Geselligkeit? Das Beieinandersein und Miteinander-etwas-Tun, auch im engen Kreis der Familie, will gelernt sein. Es besteht nicht darin, gemeinsam einen Braten zu essen und Bier zu trinken, ohne daß dabei irgendein Gespräch aufkommt. Es besteht darin, gemeinsam Spiele zu spielen, Konzerte, Theater und Museen zu besuchen oder Meinungen auszutauschen über Filme, Bücher und Hobbys; gemeinsame Wanderungen zu unternehmen oder Sport zu treiben, Gedanken auszutauschen und auf die Sorgen und Bedürfnisse des anderen einzugehen.

- Was sind Ihre persönlichen Bedürfnisse innerhalb der Familie?
- Werden sie befriedigt? Wenn ja, in welchen Punkten?

- In welcher Beziehung sind Sie unbefriedigt?
- Haben Sie spezifische Wünsche und welche?
- Wieviel Zeit möchten Sie für die Kinder haben?
- Wieviel Zeit möchten Sie für den Partner haben?
- Wieviel Zeit möchten Sie für sich haben?
- Wie steht es mit der Aufteilung der Arbeiten im Haus?
- Was möchten Sie diesbezüglich verändern?
- Ist Ihre Freizeit gut aufgeteilt?
- Möchten Sie die Zeit anders nutzen?

Beantworten Sie sich diese Fragen auf der Äußeren Bewußtseinsstufe, und besprechen Sie mit den übrigen Familienmitgliedern, welche Veränderungen realisierbar sind. Gehen Sie dann auf die Grundstufe 1 mit der Methode 10 zu 1. Überprüfen Sie in der Entspannung nochmals die einzelnen Möglichkeiten; sicherlich finden Sie bessere, ergänzende und neue.

Eines der Ziele sollte sein, als Ausgleich zum täglichen Streß für ein harmonischeres Familienleben zu sorgen.

Suchen und finden Sie eine Formel, bei der Sie sich nicht zu angepaßt, zu ausgenutzt, zu sehr belastet, zu aggressiv, zu unzufrieden und zu einsam fühlen.

Denken Sie daran, die absolute Glückseligkeit gibt es nicht. Akzeptieren Sie es.

Über die Partnerschaft und ihre Probleme sind dicke Wälzer geschrieben worden. Meist, um klarzustellen, daß innerhalb einer Beziehungskiste eins plus eins nicht eins, sondern nach wie vor zwei ergibt. Zwei verschiedene Individuen sind nun einmal keine eineiigen Zwillinge. Bei den meisten Paaren sind die Erwartungen, die sie an den Partner stellen, einfach zu hochgeschraubt. Sie erliegen dem Trugbild, ihre eigene Erfüllung durch den anderen zu finden. Weil dem nicht so ist, fallen sie von einer Frustration in die nächste, ziehen sich voneinander zurück und leben resigniert nebeneinander her. Oder sie heucheln sich gegenseitig weiterhin Zuneigung vor, oder sie lassen ihre persönliche Unzufriedenheit den Partner durch Ablehnung oder ständiges Nörgeln spüren. Bei manchen Paaren geht es so gemütlich wie in einer Kühlbox zu. Auch das Bilderbuchehepaar, das vor anderen ständig demonstriert, wie gern es sich hat, läßt Zweifel aufkommen. Bei näherer Betrachtung stellt sich meist heraus, daß entweder einer der beiden sich in seiner eigenen Persönlichkeit aufgegeben hat und sich unterordnet, oder jeder macht hintenherum, was er will. Auch die Sexualität wird in unserer hektischen Welt restlos überbewertet. Ob wir es nun wollen oder nicht, üben die groß angelegten Werbekampagnen mit den wunderschönen Fotomodellen und den überzeugenden Texten einen Einfluß auf uns aus. Die Erwartungen an den Partner sind deshalb zu hoch gesteckt. Der Mann muß immer rasiert, immer gut duftend, immer männlich sexy, eroberungssüchtig sein; die Frau immer betörend, mit einem perfekten Make-up versehen, hingebungsvoll. Beide sollen gut angezogen, auch am Morgen nach dem Erwachen hinreißend frisiert, lustig und immer bereit sein. Sogar der Beischlaf wird technisiert. Da werden G-Punkte, die den absoluten Superorgasmus verheißen, und neue Stellungen gesucht.

Sexualität kann allerdings zur Qual werden, wenn sie zur Pflichtübung wird, wenn die intime Beziehung so lustlos ausgeführt wird, daß sie nichts anderes als eine Triebbefriedigung darstellt.

Wir Menschen besitzen einen natürlichen Spieltrieb und Phantasie. Wenn Ihnen nichts mehr einfällt und es im Bett nicht mehr klappt, dann ist die gesamte Beziehung verkrampft. Finden Sie heraus, woran das liegt.

- Was befriedigt mich in meiner Beziehung?
- Welche Punkte möchte ich verändern?
- Kann ich mit meinem Partner offene Gespräche führen?

- Kenne ich meines Partners und meine Grenzen?
- Habe ich mit ihm/ihr über diese Grenzen gesprochen?
- Bin ich überhaupt bereit, Lösungsmöglichkeiten zu finden?
- Weiß ich, was mich an meinem/er Partner(in) stört?
- Weiß ich, was sie/ihn an mir stört?
- Mache ich ihr/ihm gern eine Freude?
- Gebe ich ihr/ihm ab und zu durch ein liebevolles Streicheln oder ein zärtliches Wort zu verstehen, wie sehr ich sie/ihn mag?
- Haben wir noch gemeinsame Interessen?
- Kann ich mich in dieser Beziehung persönlich entfalten?
- Bin ich bereit zu einer Neuorientierung?
- Kann ich zuhören?
- Hört er/sie mir zu?

Sie und Ihr Partner sollten diese Fragen getrennt voneinander auf der Äußeren Bewußtseinsstufe beantworten und das Ergebnis miteinander vergleichen. Wenn Sie über die Hälfte dieser Fragen mit *nein* oder *weiß ich nicht* beantwortet haben, erleben Sie die Einsamkeit in der Zweisamkeit – und das ist schlimmer als allein zu sein. Gehen Sie auf die Grundstufe 1 mit der Methode 10 zu 1, und denken Sie nochmals in der Entspannung über Ihre Antworten nach. Wenn Sie zum gleichen Ergebnis gelangen, kann ich Ihnen nur zu einer Trennung raten.

Sollten Sie aber weiterhin zweifeln, dann ist es noch Zeit, sich für eine Neuorientierung zu entscheiden. Eine Therapie kann sehr hilfreich sein. Sie bringt uns dazu, Verdrängtes nach außen zu kehren, Dinge auszusprechen, die wir sonst nicht über die Lippen bringen, und Klarheit zu schaffen.

Auf der Grundstufe fallen Ihnen sicherlich ganz neue Möglichkeiten ein, wie Sie bestimmte Probleme lösen können.

Bernd S., ein siebenundzwanzigjähriger Student, mit Endlosbart und schulterlangem Haar, kam sichtlich verzweifelt zu mir. »Gerda und ich haben vor zwei Jahren geheiratet. Sie war schwanger. Es war eine Liebesheirat. Es stand von Anfang an fest, daß ich noch drei Jahre studieren mußte und wir mit großen Einschränkungen zu rechnen hatten. Meine und ihre Eltern unterstützten uns finanziell. Jetzt sind wir soweit, daß Gerda gestern mit dem Kochlöffel nach mir geschlagen hat, und ich habe ihr eine gescheuert. Wir wollen uns trennen...« Als ich Bernd sagte, so ernst könne es ihm mit einer Trennung wohl kaum sein, denn sonst wäre er nicht gekommen, lächelte er: »Du hast recht. Wir wissen nur nicht, wie wir aus diesem Schlamassel herausfinden sollen. Wir können nicht mehr miteinander reden. Außerdem stehe ich so unter Examensdruck, daß ich gar keine Zeit und Geduld habe. Ich werde ja nur mit Vorwürfen überschüttet, weil ich mich nicht um unsern Jungen kümmere. Es stimmt auch. Weißt du, ich studiere manchmal ganze Nächte durch, bin dann ausgelaugt und fertig, haue mich am Tag aufs Ohr, um wenigstens einige Stunden zu pennen. Durchfallen kann ich mir nicht leisten. Ich kann doch nicht unsere Eltern enttäuschen und noch weiter finanziell belasten...« Und im Bett? »Scheiße. Ich bin schon so genervt mit den ständigen Vorwürfen: Schneide dir endlich die Haare ab, rasiere dich, wie siehst du schon wieder aus, mit so was bin ich verheiratet, daß ich glaube, ich bin impotent. Einige Male klappte es nicht.« Ich versuchte Bernd etwas aufzurichten und bat ihn, Gerda zu mir zu schicken. Sie erschien schluchzend, ein Häufchen Elend. »Ich versteh' nicht, was mit uns los ist. Bernd hat sich so verändert. Weißt du, er war ein gepflegter junger Mann ohne Bart und mit kurzen Haaren, und jetzt ist er ein gesichtsloser Rübezahl. Der Junge und ich werden nur angepfiffen. Wenn ich ihn bitte, liebevoller zu sein, rastet er ganz aus. Sex findet bei uns im Affentempo nach einigen Flaschen Bier statt, und oft passiert nichts. Ich glaube, ich mache ihn nicht mehr an.« Ich versicherte ihr, daß ich bei beiden noch sehr viel Zuneigung verspürte und sie sich nur in einer Krise befänden. Eine Woche später kamen sie zusammen. Wir stellten fest, daß der Zeitpunkt für tiefere Gespräche wirklich nicht günstig gewählt war. Bernd stand mitten im Examen. Ich bat sie, in dieser Situation wie Bruder und Schwester zu leben und sich möglichst nicht lästig zu fallen. Da beide den Silva-Kurs mitgemacht hatten, schlug ich ihnen vor, jeden Tag auf die Grundstufe zu gehen und sich gegenseitig fünfzehn Minuten sanft zu massieren, ohne miteinander zu schlafen, bis zu den Semesterferien. Dann sollten sie zwei Wochen ohne ihr Kind in die Ferien fahren. Wir erstellten einen Fragebogen, den sie im Urlaub auf der Äußeren und auf der Inneren Bewußtseinsstufe beantworten und diskutieren sollten. Sie mußten Abmachungen erarbeiten, die eine neue Form des Zusammenlebens ermöglichten und für beide akzeptierbar waren. Gerdas Mutter erklärte sich bereit, das Kind zu hüten. Drei Monate später kamen sie wieder. In vier Therapiestunden legten wir fest, welchen räumlichen, körperlichen und seelischen Platz jeder dem anderen bereit war einzuräumen. Sie verließen Hand in Hand und mit viel Hoffnung die Praxis. »Weißt du, Maria, das Schönste war der Massageorgasmus auf der Grundstufe!«

Finden Sie in der Partnerschaft eine Formel, bei der Sie sich nicht zu angepaßt, zu frustriert, zu untergeordnet, zu beleidigt, zu überfordert und zu einsam fühlen. Sogar die eigenartigsten Charaktere können einen geeigneten Partner finden.

Denken Sie daran, eine absolute, ewig dauernde Glückseligkeit gibt es nicht. Akzeptieren Sie es.

Eine Beziehung, in der beide Hoffnung behalten, liebevoll in schweren Phasen zueinander stehen, in der nicht jedes Wort auf die Waagschale gelegt wird, in der großzügig auch einmal Verfehlungen eingestanden, Beleidigungen oder Wutanfälle übersehen werden, ist eine fruchtbare Beziehung.

Eine der Forderungen, die das Leben an uns stellt, ist es, Illusionen verabschieden zu können – selbst dann, wenn Sie verlassen wurden, wenn eine Trennung oder Scheidung stattfand, weil Ihr Partner sich von Ihnen lösen wollte, oder wenn der Tod einen geliebten Menschen wegholte. Es gehört zum Schicksal des Menschen, zu lernen, Verluste zu ertragen, Trauer um das Verlorene zu erleiden und alleinseinsfähig zu werden. Bemühen Sie sich darum, in solchen Zeiten nicht unterzugehen, und nehmen Sie sie als einen Reifeprozeß an. Aber trauern Sie. Es entlastet Ihre Seele und hat eine befreiende Wirkung. Meiden Sie Menschen, die Ihnen einreden wollen, daß Sie die Zurückgezogenheit nicht brauchen, sondern Zerstreuung. Nehmen Sie die Hilfe derjenigen an, die Ihnen Gespräche oder stilles Zuhören anbieten. Es wird Momente des Schmerzes, der Wut und der Verwirrung geben. Versuchen Sie sich zu entspannen. Ihre Seele spendet Ihnen Trost und Mut. Ihre innere Kraftquelle ist unerschöpflich! Letztlich werden Sie reifer und reicher – als ein verwandelter Mensch – aus dieser schmerzlichen Erfahrung hervorgehen. Sie werden das Leben intensiver erleben.

»Alle Dinge in der Schöpfung und auch der Mensch sind dem Gesetz des Wandels unterworfen. Dieses Gesetz sollte jedoch zur Weiterentwicklung und nicht zur Rückentwicklung genutzt werden.« *Sathya Sai Baba*

Eine junge Rechtsanwältin kam nach einem Kurs zu mir. »Klaus und ich haben vor einem Jahr geheiratet. Es sieht ganz so aus, als ob unsere Ehe jetzt schon schiefläuft. Ich habe in einer Kanzlei gearbeitet, in der ich auf Unregelmäßigkeiten stieß. Ich sollte durch eine Aussage einen höheren Polizeibeamten decken, der mit Drogen zu tun hatte. Ich habe das abgelehnt und bin ausgestiegen. In meinem Beruf möchte ich Menschen helfen, aber nicht bei Unehrlichkeit. Seitdem bin ich arbeitslos, hänge zu Hause rum und schreibe Bewerbungen. Klaus ist Direktor bei der Zweigstelle einer Großbank. Die Arbeit machte ihm bisher viel Spaß. Eigenartigerweise steckt er nun auch in einer ähnlichen Situation wie ich damals in der Kanzlei: Intrigen, Mißwirtschaft. Er kommt übernervös und restlos fertig abends nach Hause. Seine Schwierigkeiten in der Bank sind zu unserem einzigen Thema geworden. Ich bin ja bereit, Anteil zu nehmen, kann aber nicht umhin, mich wegen dieser Anteilnahme ausgenutzt zu fühlen. Er übertreibt das Ausmaß seiner Problematik. Noch dazu müssen wir an jedem Wochenende seine Arbeitskollegen und Kolleginnen treffen und stundenlang mit Ihnen diskutieren und trinken. Klaus meint, das könne das gesamte Arbeitsklima verbessern. Ich komme mir vor wie ein Hamster im Tretrad, bin fix und fertig und nicht gewillt, das weiter mitzumachen.« Angela hatte recht. Kommunikationsstrategien sollten im Berufsfeld angewendet werden.

Machen Sie es sich zum Prinzip, Freunde und Arbeit zu trennen. Freunde sollten eine Bereicherung für unser Leben sein. Wenn Sie Freunde mit ganz unterschiedlichen Interessen wählen, mit denen Sie sowohl Sport treiben als auch diskutieren und Tanzen gehen können, dann werden Sie ab und zu aus dem täglichen Trott herausgerissen. Sie bewegen sich – und etwas in Ihnen bewegt sich.

Der berufliche Weg
In einer nach Leistung strebenden Gesellschaft in unserem sogenannten fortschrittlichen Industriezeitalter bedeutet Arbeit, den Stellenwert einnehmen, der uns zusteht. Wir werden nach Verdienst und Besitz eingestuft und bewertet.

Sie gehören dem oberen, mittleren oder unteren Jet-set an oder einer Gesellschaftsklasse, die man lieber übersieht. Genauso werden Ihr Haus und Ihr Auto, Ihre Kleidung, Ihr Schmuck, Ihre Stereoanlage und Wertgegenstände, Frau, Mann, Kinder, Eltern, Schwiegereltern und der Hund eingeordnet. In unserer Gesellschaft, in der die Korruptionsskandale überhand nehmen, interessiert es recht wenig, woher das Geld kommt. Hauptsache, es ist da und wird ausgegeben. Dann sind Sie wer. Menschen, die durch ehrliche Arbeit zu Besitz gekommen sind, werden schon wie Museumsstücke betrachtet und als verdächtig empfunden. Das Finanzamt schickt ihnen häufig die Prüfung ins Haus unter dem Motto: Da muß doch eine besonders fette Leiche im Keller liegen, weil man nichts findet. Andererseits werden täglich krumme Geschäfte in Großunternehmen, Banken und Ministerien aufgedeckt. Riesensummen von Geldern verschwinden. Man regelt solche »kleineren« Unregelmäßigkeiten auf höchster Ebene mit einigen Telefonaten. Nicht sehr saubere Machenschaften finden heute leider in allen europäischen Staaten Unterstützung und werden geduldet – wenn nicht gar angeregt! Die Folge sind Intrigen, Schiebereien. Unser gesamtes Wirtschaftssystem ist zum Teil unglaubwürdig geworden. Das Wort Be-ruf hat in großem Maß seine Bedeutung verloren. Wie viele können wirklich diesem inneren Ruf nach einer bestimmten Tätigkeit folgen? Erschreckend wenige.

Ein zwanzigjähriger Abiturient meinte: »Mein Großvater und mein Vater sind Mediziner. Seit meinem zehnten Lebensjahr möchte ich ebenfalls Arzt werden. Es gibt für mich keine Alternative. Ich war immer ein ausgezeichneter Schüler. Im letzten Jahr hatte ich Pech. Bei einem Sportunfall erlitt ich eine Gehirnerschütterung und hatte monatelang Konzentrationsstörungen und Kopfschmerzen. Das beeinflußte meine Leistungen. Durchschnittsnote: 2,5. Das Medizinstudium ist damit gestrichen. Jetzt gammle ich mich durch die Wochen und suche eine Möglichkeit, in einem anderen Land zu studieren. Auf meiner Liste bin ich bei El Salvador angelangt ...« Die Unzufriedenheit greift mehr und mehr um sich. Workaholics und Koksschnupfer nehmen in den Betrieben zu, vor allein im mittleren Management, auch wenn man versucht, diese Tatsache zu vertuschen. Viele Frauen und Männer sind durch die eigene innere Leere arbeitssüchtig geworden. Sie suchen in ihrer Tätigkeit die absolute Sinnerfüllung und nehmen nach einer Siebzigstundenwoche noch zusätzliche Arbeit mit nach Hause. Sie werden durch Arbeit »high«.

Eine vierunddreißigjährige Modeschöpferin sagte: »Ich arbeite täglich achtzehn Stunden. Ich brauche nur vier Stunden Schlaf. Die Arbeit macht mir Spaß, es ist wie ein Rausch. Mit meinen Kindern telefoniere ich mehrmals am Nachmittag. Sie haben sowieso ihre eigene Welt. Sie sind dreizehn und fünfzehn. Sonntags, wenn ich einmal mit ihnen etwas unternehmen möchte, ziehen sie ein langes Gesicht. Sie sind lieber mit ihren Freunden zusammen.«

Andere wiederum fühlen sich unterfordert und werden nicht genügend beschäftigt.

Ein zweiunddreißigjähriger Programmierer: »Ich arbeite bei einer Versicherung. Von den acht Stunden, die ich dort verbringe, muß ich vier mit einem interessierten Gesichtsausdruck auf den Bildschirm starren und so tun, als ob ich etwas täte. Im Prinzip würde die Hälfte der Arbeitszeit genügen, um mich zu beschäftigen. Wenn ich diesbezüglich etwas verlauten ließe, würde ich gefeuert. Mein Chef meint, besonders gute Arbeit müsse lang gekocht werden.«

Viele Menschen werden ausgenützt, wie diese sechsundfünfzigjährige Sekretärin: »Ich habe einen festgelegten Arbeitsbereich, nur, daß sich niemand in unserer Firma daran hält. Einer schiebt dem anderen die Arbeit zu. Bei einer Anfahrtszeit von fünfundvierzig Minuten muß ich um halb sechs aufstehen, um pünktlich um acht zu beginnen. Dann geht es auch schon los. Auf meinem Schreibtisch türmen sich die Briefe und Akten. Die Hilfskraft, die das Telefon und das Fax bedienen soll, ist meist zu spät dran. Ich rase hin und her. Die neue Buchhalterin ist ungenügend informiert. Sie unterbricht mich ständig. Die Angestellte, die für den Schalterverkehr verantwortlich ist, soll gleichzeitig noch Botendienste machen und fehlt ständig. Dauernd ruft man nach mir. Meine wirkliche Arbeit kann ich meist erst nach Büroschluß erledigen. Wenn ich gegen Abend endlich zu Haus bin, fühle ich mich so geschafft, daß ich nur noch angewidert in die Röhre starre und danach ins Bett falle. Mein Haushalt ist völlig vernachlässigt, für meine Freunde habe ich nur sonntags Zeit.«

Bei diesen vier verschiedenen Fällen fiel mir eins auf: Keiner hatte einen wirklichen Versuch unternommen, aus seiner unbefriedigenden Lage herauszukommen. Keiner hatte nach Alternativen gesucht. Alternativen gibt es jedoch immer, selbst dann, wenn es Zeit braucht, sie zu finden und zu verwirklichen.

Nach dem Silva-Seminar, bei dem sie lernten, ihre Grundstufe und nicht nur die Äußere Bewußtseinsstufe zu benutzen, fanden alle vier eine Lösung. Der Abiturient fand einen Weg, wie er seine Hochschulreife ein Jahr später wiederholen konnte. Er bestand sie mit Auszeichnung und studiert Medizin. Die Modeschöpferin erkannte, daß sie innere Leere mit Arbeit kompensierte und viel Schönes, was das Leben zu bieten hat, versäumte. Sie schränkte ihre Arbeitszeit merklich ein. Der Programmierer fand heraus, daß seine Schüchternheit ihn davon abgehalten hatte, ein ernsthaftes Gespräch mit seinem Chef zu führen. Er arbeitet jetzt in der gleichen Firma nur vier Stunden und hat nachmittags Zeit, eigene Programme zu erstellen. Die Sekretärin konnte ihr eigenes Selbstvertrauen stärken. Ihr wurde klar, daß sie eine wirklich gute Arbeitskraft war. Sie schlug ihrem Chef und ihren Kolleginnen ein aufklärendes Gespräch am runden Tisch vor. Dabei kam heraus, daß eigentlich alle Beteiligten unzufrieden waren. Sie vereinbarten eine neue Arbeitseinteilung. Jeder verpflichtete sich, mehr Rücksicht auf den anderen zu nehmen. Das Betriebsklima verbesserte sich zusehends, und sie macht keine Überstunden mehr.

Wo stehen Sie in puncto Arbeit?
● Konnten Sie den Beruf erlernen, den Sie sich wünschten?
● Wie wohl fühlen Sie sich in Ihrer Stellung?

- Sind Sie überbeschäftigt?
- Sind Sie unterbeschäftigt?
- Möchten Sie sich weiterbilden?
- Sehen Sie eine berufliche Zukunft?
- Besitzen Sie Fähigkeiten, die Sie noch nicht entwickelt haben?
- Gibt es für Sie eine Alternative?
- Möchten Sie etwas ganz anderes tun?
- Möchten Sie selbständig werden?
- Wagen Sie den Sprung zu etwas Neuem, oder ist Ihnen das Wagnis zu groß?
- Gibt es andere Gründe, die Sie davon abhalten, das nicht zu tun, was Sie eigentlich tun möchten?

Beantworten Sie diese Fragen auf der Äußeren Bewußtseinsstufe

Denken Sie daran: Eine absolute Glückseligkeit gibt es auch im Arbeitsbereich nicht. Akzeptieren Sie es.

Gehen Sie auf die Grundstufe 1 mit der Methode 10 zu 1, und denken Sie nochmals in der Entspannung über die verschiedenen Punkte nach. Es könnte sein, daß Sie in der völligen Ruhe bei einigen Fragen zu anderen, positiveren Schlüssen kommen. Hören Sie auf Ihre innere Stimme, die Intuition. Sicherlich weist Sie Ihnen einige überraschend neue Wege auf.

In jede Arbeit können Sie Kreativität, Spontaneität, Kontaktfreudigkeit, Spaß und Selbstvertrauen einbringen. Dann ist Arbeit produktiv für Ihr seelisches Gleichgewicht.

Der spirituelle Weg

Die Fragen nach unserem geistigen Wesen, nach dem Glauben und der Religion stellen sich jedem Menschen im Laufe seines Lebens. Vor allem in der zweiten Lebenshälfte sollten wir uns mit ihnen befassen. Jeder Mensch begegnet irgendwann dem

Übernatürlichen, dem Geheimnisvollen, dem, was die Grenzen des Normalen überschreitet; manchmal in Träumen, Erlebnissen, die wir nicht einordnen können, oder Gedanken, die auf größere Zusammenhänge hinweisen.

Solange wir im täglichen Kleinkram stecken, uns ständig ärgern, aufregen, unzufrieden sind, damit zu tun haben, uns selbst mehr schlecht als recht in die Bahnen zu lenken, die wir anstreben, gelingt das meist nicht. Um sich mit diesen Fragen auseinanderzusetzen, braucht es ein inneres Gleichgewicht. Klarheit, eine gewisse Zufriedenheit, Gelassenheit und Erfahrung.

Wenn wir jünger sind, glauben wir oft, einen Glauben zu besitzen, und kleben nur an der äußeren Form einer Religion fest. Solange alles gutgeht, glauben wir. Wenn wir plötzlich in ein Loch fallen, tauchen Zweifel auf. Wir erinnern uns, daß wir doch eigentlich glaubten. Dann senden wir schnell einen Ruf zu Gott und bitten um Hilfe, weil wir getauft sind. In solchen Momenten merken wir, wie tief wir in der Glaubensverwirrung stecken.

Versuchen Sie zunächst, die alltäglichen Dinge, die Familie, die Beziehung, die Arbeit in Ordnung zu bringen. Wenn Sie ausgeglichener und zufriedener geworden sind, wird es zu einem Bedürfnis werden, sich mit diesen Fragen zu beschäftigen.

Zusammenfassung
- Ein negativer Wortschatz, bedingt durch negative Einstellungen, beeinflußt uns negativ im körperlichen wie seelischen Bereich.
- Lernen Sie »löschen« zu sagen, und formulieren Sie um.
- Stellen Sie fest, an welchem Punkt des privaten Lebenswegs Sie stehen. Familie – Fragebogen. Beziehungen – Fragebogen. Der berufliche Weg – Fragebogen.
- Spiritualität: Bringen Sie zunächst die Dinge auf der äußeren Ebene in die Ordnung.

Was heißt
programmieren?

Ich möchte Ihnen zwei Märchen in leicht veränderten Versionen
erzählen.

Dornröschen

Dornröschen schlief hundert Jahre in ihrem Schloß. Es erwachte, und als es sah, daß kein Prinz gekommen war, schlief
es weiter. Nach sieben Jahren erwachte es wieder, und als
es sah, daß kein Prinz gekommen war, schlief es erneut ein.
Nach einem Jahr erwachte es, blinzelte und sah um sich. Als es
merkte, daß immer noch kein Prinz da war, merkte es, wie sehr
es sich langweilte. Es hüpfte vom Bett, rannte aus dem Schloß,
durch den Wald und kam in eine große Stadt. Zum erstenmal
lernte es das Leben kennen, spazierte durch die Straßen, sah
sich Schaufenster an und staunte über die vielen vorbeihasten-
den Menschen. Plötzlich traf es eine junge Frau, die bitterlich
weinte. Dornröschen fragte sie nach dem Grund. Die junge Frau
erzählte ihr, daß sie schwanger sei und von ihrem Freund verlassen wurde. Sie hatte keine Familie und fand keine Arbeit.
Sie befürchtete, des Hungers zu sterben. Dornröschen sagte zu
ihr: »Folge mir.« Nach einer Weile traf sie einen Mann, der ein
Baby im Arm hielt. Vier kleine Kinder umringten ihn und bet-
telten. Der Mann erzählte, er sei Witwer. Nach dem Tod seiner
Frau mußte er sich um die Kinder kümmern. Da er deshalb seiner Arbeit fernblieb, hatte man ihn entlassen. Dornröschen
sagte zu ihm: »Folge mir.« Während des restlichen Tages traf

Dornröschen viele arme Menschen, und alle folgten ihm. Als es dämmerte, setzte sich Dornröschen auf den Rinnstein und schloß die Augen. Diesmal schlief es nicht ein. Es atmete mehrmals tief ein und aus, ging mit der 10-zu-1-Methode auf die Grundstufe 1 und dachte nach. Als es die Augen öffnete, wußte es, was zu tun war. Es gründete die erste Gewerkschaft für Arme, in der jeder dem anderen half.

Der Froschkönig

Der Froschkönig hockte maulend auf seinem Brunnenrand und ärgerte sich grün. Natürlich über seine Mutter, die Hexe, die ihn verwunschen hatte. Nun mußte er hier sitzen und auf eine schöne Königstochter warten, die ihn irgendwann erlösen würde. Der Brunnen stand tief im Wald, an einer Stelle, zu der kaum jemals Menschen fanden. In all den vielen Jahren war nur ein Holzfäller zu diesem Ort gekommen. Doch plötzlich schlug Froschkönigs Herz schneller. Er hörte Schritte. Mit einem Satz platschte er ins Wasser. Wie groß war jedoch seine Enttäuschung, als sich wieder nur ein bärtiges Männergesicht über den Brunnenrand beugte. Seine Niedergeschlagenheit nahm an diesem Tag laufend zu, denn es kamen nur Männer zum Brunnen. Der Froschkönig überlegte ernsthaft, ob er schwul werden sollte, entschied sich aber dagegen. In den folgenden Wochen und Monaten hatte er eine Depression. Eines schönen Morgens erwachte er und wußte: So kann es nicht weitergehen. Er schloß die Augen, atmete mehrmals tief ein und aus, ging auf die Grundstufe 1 mit der Methode 10 zu 1 und dachte nach. Da kam ihm eine Idee: Wie wäre es, wenn ich mich selbst erlöse? Ich küsse mich selbst, dann müßte es klappen. Er schlug die Augen auf und küßte seine Beinchen, seinen Bauch und siehe da: Auf einmal knackte und knirschte es. Seine Haut zersprang, und er wuchs und wuchs und verwandelte sich in einen Mann. Sofort beugte er sich über den Brunnenrand, um sein

Spiegelbild im Wasser zu betrachten. Sehr erfreut war er nicht über das, was er sah. Er war klein, stämmig, mit spärlichem Haarwuchs und wäßrig blauen Augen. Immerhin besser als ein Frosch, dachte er. Der junge Mann rannte fröhlich durch den Wald, kam in eine Stadt, fand Arbeit und eine Braut. Es war übrigens Dornröschen. Und wenn sie nicht gestorben sind, dann leben sie noch heute.

Und die Moral von der Geschicht: Tu's selber, andre tun es nicht!

Sowohl Dornröschen als auch der Froschkönig hatten sich ein langes qualvolles Warten erspart, indem sie gelernt hatten, zu programmieren.

Programmieren heißt: Auf der Grundstufe 1 Informationen an unser Gehirn senden.

In mancher Beziehung funktioniert unsere Schaltstelle – das Gehirn – wie ein Computer. Wenn ich in einen Computer eine Information eingebe, wird diese Information genauso exakt wieder herauskommen. Wenn ich mein Programm nicht gut beherrsche und starke Zweifel beim Einspeichern habe, wird vermutlich die Eingabe unexakt sein. Das Ergebnis enthält als Folge Fehler. Wenn ich von vornherein ganz verkehrt programmiere, ist der Informationswert, den ich erhalte, gleich Null.

Wenn Sie auf der Grundstufe 1 programmieren, müssen Sie Ihrer Schaltstelle detaillierte, genaue Angaben zukommen lassen. Was wollen Sie erreichen? Welche Veränderung wünschen Sie? Wie soll die Entscheidung ausfallen? Geben Sie das Endprodukt Ihrer Überlegung als ein klares inneres Bild ein. Dann wird das Ergebnis so aussehen, wie Sie es programmiert haben.

Die Polemik über das »positive Denken« ist groß. Positive Affirmationssätze werden bis zum Gehtnichtmehr wiedergekäut und auswendig gelernt, positive Subliminalkassetten sogar während des Schlafs laufengelassen. Ständige Wiederholungen auf der Äußeren und auf der Inneren Bewußtseinsstufe sollen unser Unbewußtes überlisten und es dazu bringen, alles Unangenehme schleunigst zu vergessen. Alles, was hell, schön und »gut« ist, wird akzeptiert und geliebt. Alles, was dunkel, häßlich und »schlecht« ist, wird abgelehnt und übersehen. Sogar seelische und körperliche Erkrankungen werden verdrängt. Unser inneres Bewußtsein läßt sich jedoch nicht überlisten. Es wird einfach mit Symptomverschiebungen, wie man sie in der Fachsprache bezeichnet, reagieren. Die Seele schiebt es ins Körperliche, der Körper von einem Organ zum andern und zurück zur Seele. Eventuell reagieren Sie auch mit Ersatzbefriedigungen, die zur Sucht werden können, wie Kaufrausch, Rauchen und Trinken. Bevor Sie etwas verändern, müssen Sie lernen, den Tatsachen ins Auge zu sehen und sie anzunehmen: Schattenseiten, körperliche Beschwerden, unangenehme Situationen. Zugegeben, es ist zunächst der schwerere Weg.

Positiv denken heißt: Sie erkennen die Wirklichkeit so an, wie sie sich darstellt, versuchen nun aber, das Beste daraus zu machen.

Nichts im Universum ist statisch, alles fließt. Das Leben ist Wandlungsprozessen unterworfen, die entweder Weiter- oder Rückentwicklungstendenzen aufweisen. Der Fluß mündet im Meer oder in einem See, Wasser kann zu Eis werden oder verdunsten. Aus einem Funken entsteht ein Feuer, das irgendwann wieder erlischt. Ohne Tod kein Leben, Regen befeuchtet, Wind fegt hinweg, aus einem Kind wird ein Erwachsener, aus Zuneigung kann sich Liebe entwickeln, aus einem Krieg Frieden, eine gutgehende Ehe kann irgendwann auseinanderbrechen. Hier wirkt das universelle Gesetz des sich ewig Wandelnden, der Evolution, des Allgeistes in seiner reinsten Ausprägung. Wir sind der Herrschaft dieses Geistes unterworfen.

Es ist das erste Prinzip der hermetischen Lehre: das Prinzip der Geistigkeit

Es erklärt, daß das All in seiner gesamten Erscheinungsform Geist ist. Wir leben, bewegen uns und haben unser Dasein in diesem Geist. Um die Lehre verständlicher zu machen, wurde sie in sieben Hauptgesetze unterteilt. Diese Prinzipien werden dem Hermes Trismegistos, dem dreimal großen Meister, zugesprochen. Der Überlieferung nach soll er ein Zeitgenosse Abrahams gewesen sein und in Ägypten gelebt haben. Er wird gerne als der Vater der »okkulten Wahrheit« bezeichnet oder bei den Griechen als »Hermes, Gott der Weisheit«.

Das zweite Gesetz: das Prinzip der Entsprechung

»Wie oben, so unten, wie unten, so oben.« Das, was ich bin, bringe ich in meiner Umgebung zum Ausdruck: in der Familie, im Beruf, in der Beziehung, in den Freunden. So, wie es an der Spitze eines Staates aussieht, sieht es in vielen einzelnen Familien dieses Landes aus. So wie der Chef, so die Angestellten. Wenn ich traurig bin, projiziere ich diese Traurigkeit nach außen, wenn ich von Freude erfüllt bin, wird sie auf andere wirken. Wenn ich nur mit schlechtgelaunten Menschen zu tun habe, dann wird diese Stimmung auch auf mich abfärben.

Das dritte Gesetz: das Prinzip der Schwingung

»Nichts ist in Ruhe, alles bewegt sich.« Jede Energieumwandlung hängt vom Grad der Schwingung ab. Auch Gedanken, Wünsche, Liebe, Haß bestehen aus Energie, also Schwingungen, die sich fortbewegen und Auswirkungen haben.

Das vierte Gesetz: das Prinzip der Polarität

Alles hat zwei Pole und besteht aus Gegensätzlichkeiten. Kälte und Wärme, hell und dunkel, laut und leise, Erfolg und Mißerfolg, Ärger und Freude, Liebe und Haß. Dazwischen gibt es jeweils unzählige Abwandlungen. Es kommt auf unsere Einstellungen und unser Anspruchsniveau an, wie wir die Dinge beurteilen. Wann haben Sie ein gutes oder ungutes Gefühl? Wann empfinden Sie Trauer oder Freude? Wann empfinden Sie etwas als Erfolg oder Mißerfolg? Unter der Kunst der Polarisation versteht man, seine eigene Polarität oder Einstellung verändern zu können.

Das fünfte Gesetz: das Prinzip des Rhythmus
Es gibt Aktion und Reaktion. Das Pendel schwingt hin und her. Wir schalten ein und aus. Wir begeben uns in eine Situation hinein und irgendwann wieder hinaus.

Das sechste Gesetz: das Prinzip von Ursache und Wirkung
Mit anderen Worten: Nichts entgeht dem Gesetz. Es gibt nichts, was nicht beabsichtigt ist. Ein Zufall fällt uns beabsichtigterweise zu. Jedes zufällige Ereignis steht in einem Kausalzusammenhang. Wenn wir im Leben etwas – wie wir meinen – Negatives erleben und Jahre später auf dieses Ereignis zurückschauen, stellen wir meist fest, daß es eigentlich recht positiv für uns war, weil es uns weitergebracht hat in unserer Entwicklung.

Das siebte Gesetz: das Prinzip des Geschlechts
In allem sind männliche und weibliche Prinzipien enthalten. Die Natur aller Erscheinungsformen sucht immer eine Verbindung zwischen diesen Urprinzipien. In China sind sie unter den Namen Yin und Yang bekannt. Yang ist das Helle, Beleuchtende, Gebende, Harte. Yin das Trübe, Dunkle, Empfangende, Weiche.

Die hermetischen Gesetze lehren uns, daß es weder das absolut Positive noch das absolut Negative gibt. Sie sollten nichts sofort einstufen und klassifizieren, sondern einfach registrieren und dann eventuell die Polarität verändern.

Wir leben in einem System, in dem eine Erkenntnistheorie, der »Positivismus« Gültigkeitswert hat. Nur die Tatsachen werden anerkannt, die durch die Methoden der experimentellen Wissenschaft gesichert sind.

Der Positivismus bringt eine exoterische, also nach außen gerichtete Weltanschauung mit sich.

Ich stehe der Welt beobachtend gegenüber. Ich schaue nach oben und stelle fest, daß es positive Dinge gibt, zum Beispiel Gott, Himmel, Frieden, ein gutes Einkommen, angenehme Reisen, gute Freunde, eine Opernkarte und eine nette Party. Ich schaue nach unten und sehe, daß es auch negative Dinge gibt: Satan, die Hölle, eine schlimme Krankheit, Arbeitslosigkeit, eine langweilige Einladung. Nun versuche ich, von außen auf das Negative Einfluß zu nehmen, um es ins Positive zu verwandeln. Unser Problem ist nur, daß wir alle eine unterschiedliche Erziehung erhalten haben, aus Ländern verschiedener Mentalitäten und Traditionen stammen, so daß ich immer nur meine persönlichen Vorstellungen vom Negativen oder Positiven nach außen projiziere, das heißt die Meinungen, die ich von Staat, Kirche oder Familie übernommen habe. Meine persönlichen Anschauungen sind deshalb nie absolut objektiv.

Bei einer nach innen gerichteten esoterischen Lebenseinstellung berücksichtigen wir die hermetischen Prinzipien. Wir zeichnen ein Kreuz und laufen auf der horizontalen Linie das Leben entlang dem Punkt Null entgegen, der sich am Schnittpunkt des Kreuzes befindet. Wir entdecken unter dem Nullpunkt auf der senkrechten Linie unsere Schattenseiten und Schwächen. Wir entdecken über dem Nullpunkt auf der senkrechten Linie alle Lichtseiten unseres Charakters. Wir versuchen nun beide Seiten miteinander zu versöhnen und sie zu integrieren. Wenn wir beim Nullpunkt ankommen, sind wir zu einer ausgereiften, abgeschlossenen Persönlichkeit geworden.

Wenn Sie auf der waagrechten Linie dem Nullpunkt entgegenlaufen, dann sieht die Perspektive anders aus. Sie stehen der Welt gegenüber und blicken in einen Spiegel. In ihm reflektiert sich die Welt, und Sie reflektieren sich in dieser Welt. Dann wird Ihnen bewußt, daß Sie als ein Teil des Ganzen die Pflicht haben, sich selbst in die Ordnung zu fügen. Nur dann tragen Sie dazu bei, diese Welt insgesamt etwas mehr in die Ordnung zu bringen.

Unser Spiegel ist die Entspannung. Ihr inneres Bewußtsein betrügt und belügt Sie nicht. Es hält Ihnen einfach einen Spiegel vor, in den Sie hineinsehen. Da wir keinerlei negative Emotionen in der Entspannung haben, wird die Bewertung »positiv – negativ« wegfallen. Viele Situationen werden Sie restlos anders auf der Inneren Bewußtseinsstufe beurteilen. Sie werden zu einer ausgewogenen, richtigen Einstellung gelangen. Fragen wie: Was darf oder was darf ich nicht programmieren? Könnte es nicht sein, daß das, was für mich positiv ist, dem anderen Scherereien bringt? Steht es mir überhaupt zu, das verändern zu wollen? fallen dann weg. Ihre Intuition, Ihr inneres Gefühl sprechen zu Ihnen. Es wird Momente geben, in denen Sie klar erkennen: Da werde ich nichts verändern können. Ich muß einfach lernen, damit zurechtzukommen. Anscheinend wird hier eine Aufgabe gestellt, an der ich wachsen soll. Auf der Grundstufe fällt es leichter, die Dinge anzunehmen und zum Schicksal ja zu sagen.

Bestimmte Bedingungen müssen Sie erfüllen, um beim Programmieren nicht in Zweifel zu geraten und Erfolg zu haben. Sie müssen verstehen, was Visualisieren bedeutet.

Visualisieren kommt von *videre* – sehen – und bedeutet optisch darstellen.

In der Entspannung heißt visualisieren: auf der Inneren Bewußtseinsstufe mit den inneren Sinnen Bilder wahrnehmen.

Es ist nicht das gleiche wie das Sehen mit den Augen auf der Äußeren Bewußtseinsstufe!

Sagen Sie nicht, Sie können es nicht! Haben Sie schon einmal sexuelle Phantasien gehabt? Sich an jemanden erinnert? Sich einen Arbeitsvorgang überlegt? An den letzten oder nächsten Urlaub gedacht?

Schließen Sie Ihre Augen, atmen Sie mehrmals tief ein und aus. Gehen Sie auf Ihre Grundstufe 1 mit der Methode 10 zu 1. Verweilen Sie einige Augenblicke an Ihrem idealen Entspannungsort. Erinnern Sie sich jetzt an das letzte Weihnachtsfest. Wo haben Sie es verbracht? Wie sah das Zimmer aus? Gab es einen geschmückten Baum oder eine andere Dekoration? Erinnern Sie sich an die leuchtenden Kugeln, das Lametta, die brennenden Kerzen? Welche Farben herrschten vor? Wird in Ihrer Familie gesungen? Wer hat die schönste Stimme, und wer singt immer falsch? Welche Personen befanden sich in diesem Zimmer? In welchen Farben waren sie gekleidet? Gab es einen besonderen Geruch? Vielleicht nach Pfefferkuchen, frischem Stollen, nach Braten? Stellen Sie sich den Geschmack vor. Sind Sie schon einmal mit der Innenfläche der Hand über die Zweige eines Tannenbaums gestrichen? Können Sie sich an das prickelnde Gefühl erinnern?

Was Sie gerade getan haben, war visualisieren. Visualisieren ist nichts weiter, als sich erinnern (er-innern).

Eigentlich visualisieren wir ständig, jedoch in einer nicht kontrollierten Art und Weise. Jetzt lernen Sie auf der Grundstufe 1 gezielt zu visualisieren, um Probleme zu lösen.

Wir besitzen auf der Äußeren Bewußtseinsstufe fünf Kanäle der Wahrnehmung, über die wir Informationen speichern: das Sehen, Hören, Fühlen, Schmecken und Riechen. Beobachten Sie ein Kleinkind. Es speichert mit allen Kanälen zur gleichen Zeit. Sie halten ihm einen Gegenstand hin. Das Kind greift danach und tastet. Es sieht ihn von allen Seiten an und registriert die Farben und die Form. Es führt den Gegenstand an seine Nase und schnuppert. Es steckt ihn in den Mund und schüttelt ihn, um zu hören, ob da ein Ton herauskommt. Wir alle haben auf diese Art und Weise Milliarden von Informationen gespeichert.

Wir speichern jedoch nicht gleichmäßig gut mit allen fünf Sinnen. Bei manchen Menschen ist der Sehkanal der ausgeprägteste im Wachbewußtsein und meist auch der ausgeprägteste Sinn in der Entspannung. Diese Menschen haben den Eindruck auf der Grundstufe, die Bilder genauso klar wie im Wachbewußtsein zu sehen. Man nennt sie deshalb **hellsehend**. Sie schen die Szenen, die sie visualisieren räumlich. Sie befinden sich mitten in der Szene, sehen sich selbst und alles andere so deutlich, wie Sie gerade beim Lesen dieses Kapitels Ihre Umgebung räumlich und deutlich sehen. Sie werden gerade das Weihnachtsfest so erlebt haben, wie es war, in all seinen Farben und Formen, und sie befanden sich mittendrin. Bei manchen ist das Sehen ebenfalls sehr stark, jedoch etwas weniger gut ausgeprägt als beim Hellsehenden. Diese Menschen werden das Weihnachtsfest ebenfalls klar gesehen haben, aber sie befanden sich nicht mitten in der Szene. Sie haben es vielleicht so gesehen, wie wir etwas auf dem Fernsehschirm oder im Kino schon. Etwas mehr von außen. Manchmal sehen sie es auch nur flach, also zweidimensional, und nicht räumlich. Sie befinden sich außerhalb der Szene, sehen jedoch klar die Farben, die Menschen, den Baum. Sie werden die **Sehenden** genannt. Zur dritten Gruppe gehören die Menschen, die vor allem auf der Äußeren Bewußtseinsstufe auf Töne reagieren. Sie reagieren auf Stimmen, Geräusche, auf den Tonfall. Bei ihnen ist der Sinn des Hörens auch der stärkste auf der Inneren Bewußtseinsstufe. Alle diejenigen unter Ihnen, die sich an knisternde Zweige, Lieder, Stimmen, den Ton des Weihnachtsglöckchens erinnert haben, sind vorrangig **hellhörend**. Es gibt Menschen, die einen besonders ausgeprägten Tastsinn und Geschmack besitzen und sich besonders gut an Gerüche erinnern. Bei ihnen werden diese Sinne auch die stärksten in der Entspannung sein. Es sind gefühlsbetonte Menschen. Man nennt sie **sensitiv**. Sie werden sich bei der letzten Übung sofort an den Geschmack des frischen Stollens und an den Geruch der brennenden Kerzen erinnert haben, an das mollig warme Gefühl des geschenkten Pullovers. Alle übrigen Sinne spielen immer mit, sind jedoch etwas weniger ausgeprägt.

Wir alle sind also entweder **hellsehend, sehend, hellhörend** oder **sensitiv**, wobei wir auch manchmal von einem Kanal in den anderen geraten – genauso wie auf der Äußeren Bewußtseinsstufe. Es kann bei ein und derselben Übung vorkommen, daß Sie gerade den Eindruck hatten, klar zu sehen, und im nächsten Moment erinnern Sie sich hauptsächlich an Töne; oder die Bilder verschwimmen, aber Sie erinnern sich an den Geruch und Geschmack des köstlichen Rotweins.

Jeder Mensch kann visualisieren. Als Kinder, etwa bis zum Alter von vier Jahren, waren wir alle hellsehend.

In der Entspannung gibt es keine Aufteilung der Zeit in Gegenwart, Vergangenheit oder Zukunft. Sie fließen ineinander. Das ist der Grund, weshalb Sie sehr viele präkognitive, in die Zukunft schauende Momente erleben werden.

Wenn Sie bei den nächsten Übungen selten oder nie den Eindruck haben, etwas zu »sehen«, verzweifeln Sie bitte nicht. Die Qualität der Information ist beim Hellhörenden und Sensitiven genauso gut.

Kennen Sie den Unterschied zwischen »ich möchte« und einem »dringenden Wunsch«?

Es ist Hochsommer. Sie sitzen zu Hause und müssen eine Arbeit erledigen. Es ist schwül, und der Schweiß rinnt Ihnen über das Gesicht. In diesem Moment fällt Ihnen ein: »Es wäre schön, jetzt ein Himbeereis zu essen. Was soll's, ich hab' keins. Es geht auch ohne.« Sie wollten dieses Eis nur. Es war nicht dringend nötig. Es könnte auch sein, daß Sie sich sagen: »Hm, jetzt ein Eis, das wär phantastisch.« Sie lechzen nach einem Himbeereis. Beim Gedanken an dieses Eis läuft Ihnen das Wasser im Mund zusammen. Sie bitten ein Familienmitglied, Ihnen dieses Himbeereis zu besorgen. Es vergehen fünf Minuten, zehn Minuten. Niemand kommt mit dem Eis. Sie lauschen auf Schritte, werden immer ungeduldiger. Ich garantiere Ihnen, wenn nach einer viertel Stunde ihr Eis nicht da ist, unterbrechen Sie Ihre Arbeit und holen es sich selbst. Es war Ihr »dringender Wunsch«, dieses Eis zu essen.

Wenn Sie mit Erfolg etwas programmieren möchten, muß der dringende Wunsch vorhanden sein, tatsächlich etwas verändern zu wollen. Nur wenn der Wunsch dringend ist, kommt es zu einer positiven »Erwartungshaltung«. Sie warten bereits beim Programmieren auf die Veränderung, die Sie so dringend herbeisehnen. Eine positive Erwartungshaltung enthält eine Menge positiver Energie. Dann – und nur dann – entsteht das Gefühl der »Überzeugung«, Sie könnten auch sagen, der »Glaube« daran, daß Sie Ihr Ziel erreichen. Fragen Sie sich deshalb vor jedem Programmieren: Wie groß ist mein Wunsch? Ist er nur gering, dann müssen Sie zunächst auf der Grundstufe diesen Wunsch in einen großen verwandeln oder eine absolute Notwendigkeit darin sehen, etwas Bestimmtes verändern zu wollen.

Der dringende Wunsch führt zur Erwartungshaltung. Jede positive Erwartungshaltung führt zur Überzeugung, daß Sie es schaffen werden, und jede Überzeugung führt zum Ziel.

Die Silva Methode kennt verschiedene Techniken, die dafür geeignet sind, Probleme zu lösen. Was sind Probleme?

Probleme sind Aufgaben, die an uns herantreten. Wir sollten ihnen nicht ausweichen, sondern sie in ein Vorhaben verwandeln.

Anstatt wegen eines Problems besorgt zu sein, sollten Sie dafür sorgen, daß dieses Vorhaben gelingt.

Die Technik des **Bewußtseinsspiegels** bietet Ihnen ein praktisches Vorgehen an, wie Sie Probleme in Vorhaben verwandeln können. Ihre Anwendungsmöglichkeiten sind vielfältig:

- Für private und berufliche Probleme
- Bei zwischenmenschlichen Schwierigkeiten
- Um Ziele zu erkennen
- Um sich über charakterliche Schwächen klarzuwerden und sie zu verändern
- Bei Suchtproblemen (Rauchen, Trinken, Drogen)
- Für das mentale Training beim Sport
- Um in bestimmten Situationen erfolgreicher zu sein

Gesundheitsprobleme sind nicht optimal mit dieser Technik zu lösen. In einem gesonderten Kapitel werde ich mich mit diesem Thema befassen.

Überlegen Sie sich, welches Problem Sie in ein Vorhaben umprogrammieren möchten. Analysieren Sie das Problem auf der Äußeren Bewußtseinsstufe. Sie können dabei Notizen machen und die wichtigsten Punkte festhalten. Versuchen Sie nun, durch logisches Schlußfolgern auf Lösungsmöglichkeiten zu kommen. Wenn wir Probleme nur auf eine logische Art und Weise angehen, dann kommen wir meist nur zu einer begrenzten Anzahl von Lösungen, denn Intuition und Kreativität spielen im Wachbewußtsein nur eine begrenzte Rolle.

Gehen Sie danach mit der Methode 10 zu 1 auf die Grundstufe 1. Verweilen Sie einige Momente an Ihrem idealen Entspannungsort. Schauen Sie jetzt mit geschlossenen Augen geradeaus. Wenden Sie dann Ihre Augen leicht nach oben. Stellen Sie sich vor, daß sich vor Ihnen eine riesige Fläche befindet, die Sie nach Belieben vergrößern oder verkleinern können, um eine große oder eine kleine Szene dort unterzubringen. Versehen Sie diese Fläche mit einem dunklen, häßlichen Rahmen und projizieren Sie gedanklich Ihr Problem auf diese Fläche. Spiegeln Sie das Problem möglichst bildhaft, farbig und bewegt wider, genau wie eine Filmszene. Fühlen, denken, schmecken, riechen Sie sich hinein. Erleben Sie Ihr Problem. Akzeptieren Sie, daß es da ist. Analysieren Sie es. Beginnen Sie dann über Lösungsmöglichkeiten nachzudenken. Eventuell fallen Ihnen die gleichen Lösungen wie im Wachbewußtsein ein. Vielleicht kommt Ihnen aber eine ganz neue Möglichkeit in den Sinn, ein Ein-Fall, den Sie auf der Äußeren Bewußtseinsstufe nicht hatten. Wählen Sie nun die beste Lösungsmöglichkeit. Verlassen Sie sich auf Ihre Intuition. Ihr inneres Bewußtsein weiß immer, welcher Weg für Sie der beste ist. Es belügt und betrügt Sie nicht. Wenn Sie also im Wachbewußtsein zu einer anderen Lösung gekommen sind, dann wählen Sie immer die Lösung, die Ihnen in der Entspannung am günstigsten erschien. Wischen Sie nun gedanklich das ganze Problem von der Fläche. Tauschen Sie den dunklen, häßlichen Rahmen gegen einen leuchtend weißen oder goldenen aus und spiegeln Sie diese beste Lösung in bewegter, farbiger bildhafter Form wieder auf der Fläche. Sehen Sie sich, fühlen Sie sich, hören, schmecken und riechen Sie sich in dieses Vorhaben so eindringlich wie möglich hinein. Kommen Sie aus der Grundstufe heraus, indem Sie von 1 bis 5 zählen.

Von diesem Augenblick an sollten Sie nicht mehr an Ihr Problem, sondern an Ihr Vorhaben denken – und zwar jedesmal dann, wenn es Ihnen einfällt. Sie brauchen nur kurz die Augen zu schließen und es so intensiv wie möglich einige Sekunden lang visualisieren. Nicht die Dauer des Visualisierens ist wichtig, sondern die Intensität. Ihr Ziel wird sich mehr und mehr Ihrem bewußten und innerem Bewußtsein einprägen. Sie werden bewußt und unbewußt die Schritte gehen, die Sie dem Ziel näher bringen. Denken Sie daran, daß alle Techniken selbsterzieherische Techniken sind. Beobachten Sie die Ergebnisse, Ihr eigenes Verhalten und das Ihrer Mitmenschen Ihnen gegenüber. Sie werden Veränderungen feststellen, denn nach und nach strahlen Sie selbst mehr Zuversicht und Selbstvertrauen aus. Beide Eigenschaften brauchen Sie, damit andere bereitwillig auch einmal helfen. Menschen, die Negativität ausstrahlen, erhalten nur unwillige Hilfestellungen oder gar keine. Wir benötigen zwischendurch Hilfe, um Ziele zu erreichen. Wenn ein Kind schreiben lernt, dann muß es die einzelnen Buchstaben immer wieder und wieder schreiben. Irgendwann sind sie dann nicht mehr krackelig, sondern sauber und leserlich. Genauso ist es mit den Zielen, die wir erarbeiten. Ein einmaliges Visualisieren genügt nicht, um unserem inneren Bewußtsein das Ziel deutlich zu machen und ihm zu zeigen, wo es langgeht.

Wilfried K. berichtete von seiner Erfahrung: »Ich wurde der neue Direktor einer Zweigstelle unseres Unternehmens. Ich geriet in ein Wespennest. Mein Vorgänger war sehr beliebt gewesen und wegen Krankheit ausgeschieden. Jeder stellte sich mir in den Weg. Noch dazu war ich der Jüngste im Team. Es war ein Gegen-mich-Arbeiten auf der ganzen Linie. Ich kam überhaupt nicht zurecht, konnte mich auf niemanden verlassen und verzweifelte. Auf der Grundstufe projizierte ich mein Problem auf die Fläche mit dem dunklen Rahmen. Ich sah mich in den verschiedenen Situationen, in denen ich offensichtlich versagt hatte und angeeckt war. Dabei wurde mir klar, daß ich mich sehr häufig falsch verhalten hatte. Im Wachbewußtsein war mir nie bewußt geworden, wie überheblich und besserwisserisch ich mich gab. Natürlich mußte ich unangenehm wirken. Ich dachte über Lösungsmöglichkeiten nach und kam auf die Idee, daß vielleicht ein Gespräch mit allen Mitarbeitern am runden Tisch nützlich wäre. Bei diesem Treffen wollte ich meine innere Unsicherheit aufgrund der ganzen Situation klar auf den Tisch legen und um Verständnis bitten. Die Fläche mit dem weißen Rahmen spiegelte das gute Ergebnis dieser Sitzung wider. Ich überlegte mir, was und wie ich es sagen würde, ich stellte mir Antworten vor und wie wir alle mit dem guten Willen, die Situation zu verbessern, auseinandergingen. Das Verrückteste an der ganzen Geschichte ist, daß es genauso kam. Sogar einige Kommentare, die ich mir vorgestellt hatte, stimmten. Heute kommen wir recht gut miteinander aus.«

Achim B., ein sehr guter Bogenschütze, erzählte: »Es war wie verhext. Beim Training oder bei unwichtigen Kämpfen gewann ich beinah immer. Jedesmal wenn es um wichtige Ausscheidungskämpfe ging, wurde ich nervös, zitterte und verstand mich und die Welt nicht mehr. Ich bin kein hektischer, aufgeregter Typ, sondern eher besonnen und ausgeglichen. Nebenher mache ich noch Tai-Chi. Nach dem Kurs ging ich auf die Grundstufe. Ich nahm als Beispiel meinen letzten Mißerfolg und projizierte ihn auf die Fläche mit dem dunklen Rahmen. Ich dachte mich hinein und erlebte die Situation noch mal. Dabei fiel mir zum erstenmal auf, daß ich nervös wurde, wenn ganz bestimmte Leute bei wichtigen Wettkämpfen neben mir standen. Bestimmte Rivalen, mein Trainer und andere. Ich analysierte das Ganze und fand heraus, daß ich dann mein inneres Gleichgewicht verlor, weil meine Gedanken abschweiften und ich nur dachte, was die wohl gerade denken. Auf die Fläche mit dem weißen Rahmen projizierte ich eine ähnliche Situation, mit den gleichen Personen um mich herum, stellte mir aber vor, wie ich ruhig und ausgeglichen blieb, mich nur auf die Bewegung und die Zielscheibe konzentrierte. Jeden Tag visualisierte ich mein Vorhaben. Drei Monate später habe ich zum erstenmal gewonnen.«

Wir alle erleben in mancherlei Beziehung immer wieder einmal Mißerfolge. Jeder Mißerfolg steht in Verbindung mit starken negativen Emotionen wie Enttäuschung, Ärger, Traurigkeit, Wut, Scham. Diese Emotionen überdecken unser tatsächliches Verhalten, so daß wir oft gar nicht wissen, warum wir in bestimmten Momenten immer wieder Mißerfolge erleben. In der Entspannung, wenn wir ruhig sind, spüren wir keine negativen Emotionen. Daher wird uns unser Verhalten bewußt, und wir können daran arbeiten, es zu verändern.

Das mentale Training nimmt heute im Leistungssport ein Drittel jeder Trainingszeit in Anspruch. Es verbessert persönliche Leistungen und führt beim Mannschaftssport zu einem sozialeren Verhalten. In der Entspannung werden Schwächen bewußt, falsche Bewegungen, Selbstüber- oder Unterschätzungen, gewisse Manien, die sich eingeschlichen haben, und vieles mehr.

Schauspieler benutzen die Technik, um ihre Rollen mental durchzuspielen und ihre Schwächen aufzuspüren.

In Madrid wurde ein Ausbilder der Silva Methode zu den Proben eines Stücks als beratender Assistent geholt. In diesem Stück trat ein unsichtbarer Mensch auf. Durch diese Technik lernten die Schauspieler die einzelnen Szenen so überzeugend zu spielen, daß ein Kritiker nach der Premiere schrieb: » ... In diesem Stück gab es keinen unsichtbaren Hauptdarsteller. Jeder einzelne Zuschauer sah und erlebte ihn auf der Bühne.«

Ein Management-Trainer berichtete von seiner eher witzigen Erfahrung: »Nach jedem Kurs fehlten an meiner Jacke Knöpfe. Ich verstand gar nicht, warum. Nach einem Seminar fand ich sogar sämtliche Knöpfe meines Jacketts in der Tasche vor. Auf der Grundstufe wurde mir bewußt, daß ich in Streßmomenten, wenn jemand versuchte, mich in die Enge zu treiben, an den Knöpfen drehte, bis sie ab waren. Im Spiegel mit dem weißen Rahmen sah ich mich in solchen Situationen mit den Händen ganz ruhig. Das Bild prägte sich nach vier Monaten so tief ein, daß ich diese alberne Gewohnheit loswurde.«

Es ist wichtig, jede lästige Gewohnheit, die wir ablegen möchten, besonders gut auf der Grundstufe zu analysieren.

Überlegen Sie als Raucher: Wann rauche ich besonders viel? Beginne ich schon vor dem Frühstück? Rauche ich bei geselligem Zusammensein? Rauche ich mehr, wenn ich Alkohol trinke? Programmieren Sie, nur eine einzige Zigarette pro Stunde zu rauchen, programmieren Sie, erst eine Stunde nach dem Frühstück zu beginnen, bei einer Party keinen Alkohol zu trinken. Schränken Sie das Rauchen mehr und mehr ein. Programmieren Sie dann, dreißig Tage nach dem Beginn der Programmierung mit dem Rauchen ganz aufzuhören. Streichen Sie das Datum auf dem Kalender rot an und sagen Sie sich jeden Tag in der Entspannung: Am Soundsovielten werde ich aufhören zu rauchen und mein Leben lang nicht wieder anfangen. Wiederholen Sie diese Programmierung jeden Tag auf der Grundstufe und schränken Sie den Zigarettenkonsum ein. Sie stärken Ihre Durchhaltekraft und hören am Stichtag auf.

Das schönste am Menschsein ist das Freisein. Wachsen Sie über Ihre Denkgrenzen hinaus. Bewahren Sie dabei bestimmte Lebensgrundsätze, die zu Ihren Aufgabenbereichen gehören. Arbeiten Sie stets daran, ihre Aufgaben zu erkennen.

Zusammenfassung
- Programmieren heißt, auf der Grundstufe 1 Informationen an unser Gehirn zu senden.
- Positiv denken heißt: Sie erkennen die Wirklichkeit so an, wie sie sich darstellt, versuchen nun aber, das Beste aus dieser Gegebenheit zu machen.
- Die sieben hermetischen Gesetze.
- Was versteht man unter visualisieren?
- Hellsehend – sehend – hellhörend – sensitiv.
- Wunsch – Erwartung – Überzeugung.
- Die Technik des Bewußtseinsspiegels.
- Die Gewohnheitskontrolle.

Was tun gegen Streß?

Bei den Pyramiden von Teotihuacán in der Nähe von Mexico City wollte mir ein Indio mit folgenden Worten seine Tonpfeifen verkaufen: »Bitte, Señora, kaufen Sie, denn meine Familie und ich sind im Streß.« Das Wort Streß ist zu einem internationalen Modewort geworden, und diesem Indio war klar, daß Streß etwas ganz Fürchterliches sein mußte.

Als der Mediziner Hans Selye, der in Wien studierte, 1950 den Begriff Streß definierte, konnte er nicht ahnen, welchen Gefallen er uns damit tat und wie dankbar wir ihm eines Tages dafür sein würden. Heute können wir restlos alles, was uns nicht so ganz in den Kram paßt, unsere ganzen Reaktionen auf den Streß abschieben und haben immer eine gute Ausrede parat. Es gibt den Arbeits-, den Familien-, den Krankheits-, den Beziehungs-, den Schul-, den Studiums-, den Wetter- und sogar den Freizeitstreß. Dabei bezog Selye diesen Begriff auf charakteristische körperliche Reaktionen, die durch äußerliche Faktoren, den Stressoren, ausgelöst werden.

Der Mensch besitzt eine gewisse Menge an Eigenenergie, die er dazu benutzt, seine seelische und körperliche Integrität zu bewahren. Wenn unser Wohlbefinden in Gefahr ist, weil gewisse von außen auf uns zukommende Stimuli als bedrohlich erkannt werden, setzen wir diese Energie zu unserem Selbstschutz ein. Lernen wir in der Folge nicht, mit diesen Stressoren zurechtzukommen, wird unsere Energie langsam aufgezehrt. Wir verbrauchen unsere Reserven, wie zum Beispiel Zucker und Fett. Unsere Nebennieren schütten bei Angst, Unruhe und

Schreck im Übermaß die Hormone Adrenalin und Noradrenalin in den Blutkreislauf aus. Die Hirnanhangdrüse bewirkt, daß der Nebenniere zu viel Hydrokortison entnommen wird, das unseren Kohlehydratstoffwechsel reguliert. Unser psychisches Verhalten und physisches Befinden verändern sich. Es kommt zu ersten Alarmreaktionen: Herzklopfen, Atembeschwerden, Sexual- und Verdauungsstörungen sowie Kreislaufbeschwerden. Wir sind irritiert, müde und erschöpft. Dadurch treten Schlafstörungen, Kopfschmerzen und Magengeschwüre auf. Unser gesamtes Immunsystem wird geschwächt. Jeder Mensch reagiert je nach Konstitution und Alter individuell verschieden auf Stressoren.

Stressoren sind nicht nur unangenehmer, sondern auch angenehmer Natur. Auch freudige Ereignisse, wie eine Hochzeit, Arbeit und Sport, die uns Spaß machen, oder eine schöne Überraschung lösen Streß aus.

Die wichtigsten Streßfaktoren sind:
- Der Tod des Partners, eines Kindes, eines Freundes oder der Eltern
- Heirat, Trennung und Scheidung
- Familienzuwachs
- Umzug, Schulwechsel, Arbeitswechsel
- Sexuelle Probleme
- Ärger in der Ehe, mit Verwandten, in der Arbeit
- Kündigung, Schulden, Geldschwierigkeiten
- Pensionierung
- Veränderte Gewohnheiten
- Unfälle und Krankheiten
- Festtage, Wochenende, Urlaub und Sport

Nehmen Sie einen leeren Wassertank. Unser Tank hat einen Deckel und seitlich eine Öffnung, durch die wir Wasser pumpen. Irgendwann ist der Tank voll, und wir müssen aufhören zu pumpen. Was geschieht, wenn wir weiter mit großem Druck Wasser in den vollen Tank hineinpumpen? Das Wasser schwappt uns entgegen, oder der Deckel öffnet sich, und der Tank fließt über. Vielleicht zerbirst der Tank, weil er dem Druck nicht standhält.

Wir reagieren genauso wie dieser Tank. Eigentlich sind wir meist gerade randvoll. Kommt dann der kleinste Streßfaktor hinzu, quellen wir über. Wir platzen und bersten. Es kommt zu Aggressionen, Depressionen, zu Erschöpfungszuständen im seelischen Bereich, und im körperlichen brechen wir zusammen.

Wir müssen dafür sorgen, daß wir das Maß des Erträglichen nicht überschreiten.

Gehen Sie dreimal täglich auf die Grundstufe 1 mit der Methode 10 zu 1. Entspannen Sie sich mindestens fünf Minuten an Ihrem idealen Entspannungsort. So vermeiden Sie, in den Streßsog zu geraten. In der Entspannung autoreguliert sich unser Immunsystem und wird gestärkt.

Streß hat mit Ihren Einstellungen zu tun, diese wiederum reflektieren Ihre Gedanken. So wie Sie denken, verhalten Sie sich, und Ihr Verhalten beeinflußt Ihre Reaktionen. Wenn Sie sich wirksam gegen übergroßen Streß, dem wir alle ausgesetzt sind, schützen wollen, müssen Sie lernen, Ihre Reaktionen besser im Griff zu haben.

Das erreichen Sie, indem Sie lernen, Einstellungen zu verändern.

Es gibt nur zwei Alternativen: Entweder ich erkenne, daß ich eine Situation verändern kann, dann tue ich es – oder aber ich muß mich mit der Gegebenheit abfinden, weil sie unabänderlich ist.

Paul K., ein Consulting-Manager, erzählte mir: »Ich saß in meinem Büro und war mit der Ausarbeitung eines Vertrags beschäftigt, der mir sowieso schon genügend zu schaffen machte. Da fingen sie auf dem Gelände daneben auch noch an zu baggern und zu bohren. Ich drehte beinahe durch, konnte mich nicht konzentrieren und ärgerte mich immer mehr. In meiner

Not ging ich auf die Grundstufe 1 und stellte fest, daß ich diesen Krach wohl oder übel erdulden mußte, weil ich an der Situation nichts verändern konnte. Ich überlegte, was ich tun könnte, um zu einer positiveren Haltung zu gelangen. Plötzlich erschien mir das Baggern wie ein tiefes Lachen, und der Preßluftbohrer antwortete mit einem Kichern. Die beiden unterhielten sich. Dieser Gedanke erschien mir so absurd, daß ich selbst zu lachen begann. Als meine Sekretärin mit der Post kam, fand sie mich mit geschlossenen Augen brüllend vor Lachen im Sessel vor. Was sie gedacht hat, weiß ich nicht. Ich weiß nur, daß ich meinen Vertrag in weniger als einer Stunde zustande brachte.«

Wenn Ihr Chef Sie ungerechtfertigterweise anbrüllt, ist die Flucht nach hinten in die »Gleichgültigkeitsmaske« falsch, denn nach wie vor wird es in Ihnen brodeln. Der Fluchtweg nach vorn, das heißt kontern, ist manchmal genauso unangebracht. Gehen Sie in solchen Fällen zuerst auf die Grundstufe und überlegen Sie in Ruhe, wann der günstigste Moment da ist, Ihrem Chef klarzumachen, daß Sie ein solches Verhalten nicht akzeptieren und die Sachlage anders als dargestellt war.

Unserem Urahnen, dem Cromagnonmenschen, waren viele der Stressoren, mit denen wir uns zu beschäftigen haben, unbekannt. Wenn ihm jemand in die Quere kam, ergriff er die Flucht oder schwang seine Keule, schlug sie demjenigen mehrmals auf den Kopf – und die Sache war erledigt. Wir müssen mühsam wieder lernen, zu der Selbständigkeit und Freiheit zu gelangen, die er besaß. Jedoch mit feineren Mitteln, indem wir lernen, uns vernünftig mit Situationen auseinanderzusetzen. Jede Situation, auch eine Streßsituation, ist mit einem intelligenten Denkvermögen, über das wir alle verfügen, besser zu bewältigen. In jeder Situation, wie immer sie geartet ist, müssen wir sieben Schritte beachten:

1. Eine neue Situation taucht auf, und wir entwickeln ein bestimmtes Gefühl dieser Situation gegenüber.

2. Die Situation wird uns wirklich bewußt.
3. In uns entwickelt sich Energie.
4. Wir kommen in Kontakt mit der Situation und handeln.
5. Wir sind am Gipfelpunkt der Situation angelangt.
6. Wir beginnen uns zurückzuziehen.
7. Wir nehmen Abschied von der Situation.

Es ist wichtig, sich besonders von Streßsituationen verabschieden zu können. Hadern, Nachtragen, ein ständiges Erinnern führen uns emotional wieder und wieder in die Situation zurück, und wir erleben sie ständig aufs neue, was neuen Streß bedeutet. Sagen Sie jeder unangenehmen Situation ausdrücklich Adieu, und gehen Sie weiter.

Menschen, die mit Entscheidungen Probleme haben, leiden oft mehr als andere unter Streß. Hinter jedem Zurückschrecken vor einer Entscheidung steckt Angst, nämlich die Angst, sich falsch zu entscheiden.

Mit der **Drei-Finger-Technik** verbessern Sie Ihre Entscheidungsfähigkeit. Bei dieser Technik überlassen Sie Ihrem inneren intuitiven Bewußtsein, das immer weiß, was gut für Sie ist, die Entscheidung.

Gehen Sie mit der Methode 10 zu 1 auf die Grundstufe 1. Betrachten Sie nun klar und deutlich die verschiedenen Möglichkeiten. Stellen Sie sich die Frage: Was soll ich tun?

Drücken Sie die Kuppen der ersten drei Finger (Daumen, Zeige- und Mittelfinger) einer der beiden Hände zusammen und warten Sie auf den ersten Eindruck, der entsteht.

Der erste Eindruck ist die Intuition.

Ihre Intuition weist Ihnen immer den richtigen Weg. Die drei Finger symbolisieren unsere goldene Regel: Wunsch – Erwartungshaltung – Überzeugung.

Wenden Sie diese Technik im täglichen Leben an, wann immer es um das Entweder-Oder geht. Wir alle haben einen ersten Eindruck, nur wird er sofort überlagert von anderen Eindrücken. Wie häufig meinen wir, wir hätten aufgrund des ersten Eindrucks, der Intuition, gehandelt – und die war es längst nicht mehr! Soll ich diesen oder jenen Job annehmen? Diese oder eine andere Arbeitskraft einstellen? Nach Italien oder Thailand in Urlaub fahren? Welcher der drei U-Bahn-Ausgänge ist für mich der richtige? Wenn Sie die Technik öfter in der Entspannung angewendet haben, genügt es in eiligen Fällen, nur kurz die Augen zu schließen, sich die Frage zu stellen, die drei Fingerkuppen zu drücken und dem ersten Eindruck zu folgen.

Der russische Mediziner Iwan Petrowitsch Pawlow, der 1904 für seine Arbeiten den Nobelpreis erhielt, entdeckte den bedingten Reflex, den man heute als konditionierte Reaktion bezeichnet. Durch Versuche, die er mit Hunden durchführte, fand er heraus, daß die Speichel- und Magensaftsekretion nicht erst beim Fressen, sondern bereits beim Anblick der Nahrung einsetzte. Er schloß daraus, daß ein Reiz nach wiederholtem Auftreten zur Auslösung eines Reflexes führen kann.

Die Wirksamkeit der Drei-Finger-Technik beruht auf dieser Tatsache. Wenn Sie oft genug in der Entspannung eine bestimmte Programmierung wiederholen und diese mit einer Bewegung, das heißt in diesem Fall, dem Zusammendrücken der Finger verbinden, lösen Sie eine gewünschte Reaktion aus.

Sagen Sie sich eine Woche lang auf der Grundstufe 1: »Jedesmal wenn ich die drei Finger zusammendrücke, werde ich bessere Entscheidungen treffen, intuitiver, konzentrierter und ruhiger sein.« Auf diese Weise konditionieren Sie sich selbst und können die Technik als Kurzprogrammierung verwenden, auch in Streßmomenten, in denen Sie keine Zeit haben, sich auf die Grundstufe 1 zu begeben. Die erwartete Reaktion stellt sich automatisch ein.

Die Technik wird Ihnen zu einer wertvollen Hilfe im Alltag werden.

Ulrich M., ein Freund, der Arzt ist, wendet sie ständig an: »Sogar in der Praxis. Von den ganzen Angeboten an Techniken habe ich mir diese hier ausgesucht. Sie funktioniert immer. Ich setze sie ein, um ruhiger zu werden und unter den homöopathischen Mitteln das richtige für meine Patienten zu finden; um etwas zu suchen, das ich verlegt habe, um Fingerspitzengefühl und nötigen Takt in heiklen Situationen aufzubringen. Du wirst es kaum glauben, aber inzwischen ist es sogar meinen Freunden aufgefallen, daß ich an den überfülltesten Orten einen Parkplatz finde. Mein inneres Bewußtsein leitet mich einfach.«

Joachim K., ein bekannter Schauspieler: »Ich benutze die Technik, um mein Lampenfieber in den Griff zu bekommen, vor allem bei Premieren.«

Carola B., eine Rock- und Popsängerin die sich selbst auf der Gitarre begleitet: ... generell vor jedem Auftritt, um konzentrierter zu singen und zu spielen.«

Peter M., Präsident des Verwaltungsrates eines Chemiekonzerns: ... bei Besprechungen, wenn das Gespräch abdriftet, um es dahin zu bringen, wo ich es haben möchte.«

Beate H.: »Ich bin Einkäuferin eines Warenhauses. Ich habe mich programmiert, beim Einkaufen mit Hilfe der Drei-Finger-Technik, das richtige Gefühl zu haben, welche Produkte beim Kunden gut ankommen.«

Richten Sie in diesen oder ähnlichen Fällen den Blick ins Leere, lassen Sie ihn schweifen, ohne etwas Bestimmtes zu fixieren. Drücken Sie die drei Fingerkuppen zusammen und visualisieren Sie kurz das gewünschte Ergebnis.

Selbstverständlich muß die Zielvorstellung im Bereich des Möglichen liegen. Wenn Sie auf dem Gipfel des Kilimandscharo im Schneesturm stehen, können Sie noch so lange drücken – ich versichere Ihnen, es kommt kein Taxi!

Für Streßgeplagte sind nicht nur regelmäßige Entspannungsübungen, sondern auch eine ausgewogene Ernährung und ausreichend Bewegung unerläßlich.

Viele Ärzte empfehlen eine abwechslungsreiche Vollwertkost, bei der Sie genügend Vitamine und Mineralien zu sich

nehmen. Sie sollten wenig Alkohol und Kaffee, dafür um so
mehr Mineralwasser trinken. Beschränken Sie den Fleisch- und
Fettkonsum. Vollkornprodukte, Fisch, Käse und Magermilch in
vernünftigen Mengen sind gesund. Nehmen Sie sich unbedingt
Zeit zum Essen, lernen Sie bewußt zu kauen. Vermeiden Sie
bei Tisch unangenehme Themen, die Sie wieder in eine Streßsituation bringen. Visualisieren Sie beim Essen, wie jeder Bissen
Ihnen guttut.

Sollten Sie an Übergewicht leiden, sorgen Sie dafür, daß Sie
einige Kilo abnehmen. Herz- und Gelenkprobleme, Bluthoch-
druck, Diabetes und Arteriosklerose könnten sonst die Folge
sein. Lassen Sie sich von Ihrem Arzt beraten, welche Diät für
Sie die beste ist. Überlegen Sie sich aber, zu welchem Typ Sie
gehören: rundlich oder dünn. Der heutige Trend geht in Richtung ausgemergelte Fischgräte. Wenn Sie etwas kompakter sind,
würde Ihnen das Magersein wahrscheinlich gar nicht stehen. Jeder Mensch hat ein »Wohlfühlgewicht«. Da spannt kein Gürtel
und kein Kragen. Stellen Sie fest, was Ihr Wohlfühlgewicht ist,
und versuchen Sie es zu halten.

Wenn Sie abnehmen müssen, unterstützen Sie die Diät mit
einer Programmierung.

Gehen Sie auf die Grundstufe 1 mit der Methode 10 zu 1. Projizieren Sie sich auf den Bewußtseinsspiegel mit dem dunklen
häßlichen Rahmen. Sehen Sie sich in ihm so, wie Sie sind. Denken Sie dabei nach, welche Nahrungsmittel Ihr Übergewicht
verursachen. Schreiben Sie in Gedanken ein großes rotes NEIN
darüber. Gibt es bestimmte Gelegenheiten, bei denen Sie viel
essen? Ein bestimmtes Nahrungsmittel, das Sie schwach werden läßt? Werden Sie sich über alle Schwächen klar. Wischen
Sie danach das Bild vom Spiegel. Tauschen Sie den häßlichen
gegen einen weißen oder goldenen Rahmen aus und projizieren
Sie sich so auf die Fläche, wie Sie aussehen möchten. Schreiben
Sie in die eine Ecke das gewünschte Gewicht und in die andere die gewünschte Kleidergröße. Programmieren Sie sich, die

verschriebene Diät einzuhalten, bei starkem Hungergefühl zwischen den Mahlzeiten mit einem Stück Karotte, Apfel oder drei tiefen Atemzügen genug zu haben. Visualisieren Sie sich – im Bewußtseinsspiegel mit dem weißen Rahmen –, so wie Sie sein möchten, wann immer Sie an Ihr Gewichtsproblem denken. Sie stärken dadurch Ihre Durchhaltekraft und werden es schaffen.

In der Psychoneuroimmunologie – einem neuen Zweig der Wissenschaft, bei der Arzt-Psychologe und Patient zusammenarbeiten – hat man festgestellt, daß harter Sport gar nicht so gesund ist, wie man noch vor einigen Jahren annahm. Bei Leistungssportlern ist das gesamte Immunsystem noch vier Tage nach dem Wettkampf so geschwächt, daß sie Infektionskrankheiten gegenüber anfälliger sind als Menschen, die keinen Sport betreiben. Jede übergroße sportliche Belastung bringt Streß mit sich. Nur eine regelmäßige, ausgeglichene Bewegung führt zur Streßauflösung, so daß Haltungsschäden, Rückenschmerzen und Kreislaufbeschwerden verhindert werden und die Muskeln sich entspannen. Sie wirkt Schlaflosigkeit, Kopfschmerzen, Aggressionen, Depressionen und Müdigkeit entgegen. Genau wie das Tier braucht der Mensch die Bewegung, um Streßreaktionen abzubauen.

Yoga, Schwimmen, Wandern und rhythmische Gymnastik üben eine heilende Wirkung auf Gemüt und Körper aus.

Schlaflosigkeit, Durchschlafstörungen und häufige Kopfschmerzen sind ein Zeichen dafür, daß Sie mit sich selbst nicht behutsam umgehen. Sie sind körperlich und seelisch aus dem Gleichgewicht geraten, haben zuviel Energie abgegeben. Sie stehen unter zu großem Streß. Zu viele Streßhormone wurden ausgeschüttet, um Ihre Leistung anzukurbeln. Sie gehen zu Bett und warten »gespannt« darauf, ob Sie wohl einschlafen. Aber die Müdigkeit ist wie weggeblasen. Sie wälzen sich herum und zählen Schäfchen. Beim hundertsten werden Sie stutzig. Es ist besonders niedlich und weiß. Sie fassen es an. Es ist weich und sanft, genau wie der Pulli, den Ihnen Oma strickte. Leider haben Sie den Pulli in die Waschmaschine gesteckt. Er kam etwas ramponiert heraus. Die Waschmaschine hatten Sie per Katalog gekauft. Sie nehmen sich vor, das nie wieder zu tun. Nach kurzer Zeit war sie kaputt. Sie ärgern sich noch heute über die hohe Reparaturrechnung ... und schon sind Sie beim assoziativen Denken. Sie kommen von einer Geschichte zur anderen und sind wacher denn je. Übrigens waren die Schafe ziemlich unruhig, hüpften hierhin und dorthin, blökten oder rannten ganz weg. Eine mühselige Angelegenheit. Sie versuchen es mit dem Einschlafen auf der Seite, auf dem Rücken, auf dem Bauch. Sie starren zwischendurch immer wieder auf die Uhr und stellen erschrocken fest: nur noch fünf Stunden ... nur noch vier Stunden ... bis zum Läuten des Weckers. Sie stehen auf und versuchen es mit Fußwechselbädern, schließlich mit Kamillentee – und die Nacht ist vorbei.

Die Schlaflosigkeit ist in den sogenannten zivilisierten Ländern zu einem ernsten Problem geworden. Im deutschsprachigen Gebiet nimmt jeder vierte Mensch ziemlich regelmäßig Beruhigungsmittel ein: Tropfen, Zäpfchen, Pillen. Es sind Tonnen pro Jahr. Die meisten dieser Tranquilizer führen in die Abhängigkeit. Noch dazu stören sie den Schlafrhythmus, in dem sich Tiefschlafphasen, leichtere Schlafphasen und Träume abwechseln. Das ist auch der Grund, weshalb sich viele Patienten über große Mattigkeit und Müdigkeit beklagen, wenn sie über eine längere Zeit solche Mittel eingenommen haben. Den natürlichen Rhythmus der Natur sollten wir nicht stören, sonst rächen sich Seele und Körper.

Der Durchschnittsmensch braucht in vierundzwanzig Stunden sieben Stunden Schlaf. Wenn Sie einmal oder mehrmals pro Nacht aufwachen und in der folgenden halben Stunde nicht wieder einschlafen können oder zwar prompt einschlafen, aber morgens gegen zwei bis drei Uhr wach werden und dann nicht mehr einschlafen können, spricht man von Schlaflosigkeit.

Versuchen Sie, Regelmäßigkeit in Ihre Gewohnheiten zu bringen. Nehmen Sie die letzte Mahlzeit nicht zu spät ein. Essen Sie abends leicht. Trinken Sie am späten Nachmittag keinen starken Kaffee oder Tee. Gehen Sie jeden Abend zur gleichen Zeit zu Bett. Achten Sie auf die Qualität der Bettwäsche, des Pyjamas oder Nachthemdes. Viele Menschen vertragen kein synthetisches Material, weil es die Haut nicht richtig atmen läßt. Nehmen Sie Baumwolle, Seide oder Leinen.

Wenden Sie die **Einschlaftechnik** an.

Gehen Sie auf die Grundstufe 1 mit der Methode 10 zu 1, wenn Sie einschlafen möchten. Verweilen Sie einige Augenblicke an Ihrem idealen Entspannungsort. Stellen Sie sich jetzt eine Schultafel vor. Visualisieren Sie sich mit einem Stück Kreide in der einen und einem Schwamm in der andern Hand. Zeichnen Sie einen großen Kreis auf die Tafel. Zeichnen Sie ein großes X in den Kreis hinein. Es symbolisiert: Ich streiche im Moment unruhige Gedanken durch. Wischen Sie nun das X aus, von innen nach außen, mit langsamen kreisenden Bewegungen. Wenn Sie das getan haben, schreiben Sie rechts außerhalb des Kreises »tiefer« auf die Tafel. Schreiben Sie nun in großen Zahlen eine 100 in den Kreis hinein. Wischen Sie sie aus. Von innen nach außen, mit langsamen kreisenden Bewegungen. Schreiben Sie rechts außen wiederum »tiefer«. Jetzt kommt eine 99 in den Kreis hinein. Wischen Sie sie in der gleichen Weise aus, und schreiben Sie »tiefer«. Machen Sie so weiter 98, 97, 96. Wahrscheinlich müssen Sie dann schon gähnen bei dieser langweiligen Tätigkeit, oder Sie sind dann bereits so entspannt, daß Sie sich verwirrt fragen: Wo war ich gerade? Bei der 96 oder 95? Lassen Sie sich nicht irritieren. Nehmen Sie irgendeine Zahl und zählen Sie sich weiter abwärts, bis Sie einschlafen. Die Technik wirkt durch die ruhigen, gleichmäßigen, sich immer wiederholenden Bewegungen, die Sie ausführen, und ihrer Langweiligkeit wegen. Hier ist nichts Unerwartetes, was geschehen könnte. Andererseits vermeiden Sie, ins asso-

99

ziative Denken zu gelangen, weil Sie doch aufpassen müssen, was Sie tun. Zahl schreiben, wischen, »tiefer« schreiben.

Rosa A. Rivas ist die Präsidentin des technischen Verwaltungsrates der Silva Methode. Sie ist eine außergewöhnliche, charismatische Frau. Nach dem großen Erdbeben in Mexico City 1986 trommelte sie alle ihr zur Verfügung stehenden Ausbilder zusammen. Auf offener Straße, unter Zelten, in Krankenhäusern, in Schulen, wo man die Obdachlosen untergebracht hatte, und über Radio vermittelten sie Techniken der Mind Control.

»Die Leute standen unter Schock und Streß. Sie hatten teilweise alles verloren. Ihr gesamtes Hab und Gut. Beinahe jeder hatte Angehörige, die umgekommen oder schwer verletzt waren. Es herrschte Panik vor einem neuen Beben. Mit das größte Problem war die Schlaflosigkeit. Mit Hilfe der Einschlafkontrolle haben Tausende gelernt, ruhigere Nächte zu verbringen. Mit der Technik des Bewußtseinsspiegels haben sie gelernt, Ziele zu visualisieren und dadurch wieder Hoffnung zu schöpfen.«

Rosa ist die einzige, der bisher der Silva Method Humanitarian Award verliehen wurde als Anerkennung für ihren selbstlosen Einsatz für die Opfer der Katastrophe.

Der geringste negative Stressor führt bei vielen Menschen, sogar schon bei Kindern, zu Verstimmung und Kopfschmerzen. Bei Angst, Überforderung und Konflikten kommt es zu gestörten biochemischen Prozessen, die die Kopfarterien irritieren. Vor allem das Serotonin, einer der Botenstoffe, die im Hirnstamm produziert werden und die Signale zwischen den Zellen übertragen, ist im Ungleichgewicht. Dadurch kommt es zur Verengung und folgenden plötzlichen Ausdehnung der Kopfarterien. Die Durchblutung steigt teilweise um das Doppelte. Man spricht dann von einer Migräne.

Greifen Sie bei leichterem Kopfschmerz nicht gleich zur Tablette. Wenden Sie die **Kopfschmerztechnik** an. Gehen Sie bei den ersten Anzeichen mit der 10-zu-1-Methode auf die Grundstufe 1. Überlegen Sie, warum Sie Schmerzen haben könnten: durch Überbelastung, Ärger in Arbeit oder Familie, Angst, zu viel Lärm, zu viel Hetze? Sicherlich werden Sie den Grund finden. Nehmen Sie sich vor, dieses Problem, sobald der Schmerz vorüber ist, auf der Grundstufe mit der Technik des Bewußtseinsspiegels umzupolen. Erkennen Sie die Tatsache, daß Sie Schmerzen haben, an.

»Ich habe Kopfschmerzen, ich spüre Kopfschmerzen. Ich möchte keine Kopfschmerzen mehr haben, ich möchte keine Schmerzen fühlen.« Formulieren Sie Ihr Ziel: »Bei 5 werde ich die Augen öffnen, werde hellwach und zufrieden sein. Ich werde dann keine Schmerzen mehr haben, ich werde keine Schmerzen mehr spüren.«

Zählen Sie bis zur 3. Bei 3 wiederholen Sie nochmals die Programmierung, um die Speicherung zu vertiefen. Gleichzeitig beginnen Sie nun schon, Ihre Einstellung dem Schmerz gegenüber zu verändern. Sie sprechen nur noch von Beschwerden. »Bei 5 werde ich die Augen öffnen, werde hellwach und zufrieden sein. Ich werde keine Beschwerden im Kopf haben, ich werde keine Beschwerden spüren.« Zählen Sie weiter: »4 . . . 5«. Öffnen Sie die Augen. Sagen Sie sich innerlich nochmals im Wachbewußtsein mit Überzeugung: »Ich bin hellwach und zufrieden. Ich spüre nichts Unangenehmes im Kopf. Und das ist so.« Der Zusatz »und das ist so« kommt in der Silva Methode dem Amen in der Kirche gleich. Er schenkt Vertrauen.

Wesentlich ist, daß Sie nach Anwendung der Technik niemals dort sitzen, stehen oder liegenbleiben, sondern einige Minuten lang etwas anderes tun. Das lenkt ab und bringt Sie vollständig weg vom Thema Kopfschmerz.

Die Bereitschaft zur Migräne ist meist angeboren. Wahrscheinlich leiden die Eltern oder einer der Großeltern ebenfalls darunter. Bei vielen beginnt sie mit dem sogenannten Auraflimmern schon Stunden bevor der Schmerz einsetzt. Häufig wird sie von Übelkeit und Sehstörungen begleitet. Kennen Sie den Ausspruch: Ich habe mir den Kopf zerbrochen? Überlegen Sie auf der Grundstufe, und zwar dann, wenn Sie keinerlei Symptome verspüren, in Ruhe, warum? Meine Seele möchte mir etwas mitteilen. Vielleicht haben Sie jahrelang eine gewisse Problematik verdrängt. Sie wolltcn einen Konflikt nicht wahrhaben. Es paßte Ihnen nicht in den Kram. Oder steckt eine Programmierung aus der Kindheit dahinter? Ich jedenfalls kenne viele traditionsreiche Migränefamilien.

Sigrid H., eine Patientin, erinnert sich: »Meine Mutter litt darunter. Wenn sie ihre Anfälle hatte, mußten wir Kinder auf Zehenspitzen laufen und flüstern. Die ganze Wohnung wurde verdunkelt. Wenn wir mal lauter waren, bekam meine Mutter Weinkrämpfe und machte uns Vorwürfe, und mein Vater verteilte ausgiebig Ohrfeigen. Wir waren dann völlig verschreckt. Bei jeder Gelegenheit hörten wir: Arme Kinder, wahrscheinlich werdet ihr genauso wie die Omi und ich an Migräne leiden. Tatsächlich entwickelten alle meine Schwestern und ich die gleichen Symptome. Indem ich mir über diese Negativprogrammierung klar wurde und regelmäßig die Technik anwendete, wurde ich die Anfälle beinahe los. Sehr selten, eigentlich nur noch bei schwerwiegenden Konflikten, habe ich Migräne.«

Wenn Sie festgestellt haben, warum Sie an Migräne leiden, wenden Sie bei den allerersten Anzeichen die Kopfschmerztechnik an. Wiederholen Sie sie jedoch dreimal mit jeweils fünf Minuten Pause dazwischen. Sie werden feststellen, daß sich die Schmerzen nach dem ersten Programmieren verringern, beim zweitenmal sind sie noch geringer geworden. Lenken Sie sich nach der dritten Programmierung ab und tun Sie etwas ganz anderes. Die Schmerzen werden verschwunden sein.

Wenn Sie noch nie an Migräne gelitten haben und plötzlich laufend stechende Kopfschmerzen auftreten, sollten Sie unbedingt zum Arzt gehen. Eventuell haben Sie ein organisches Problem, das diese Schmerzen auslöst

Wir werden von unserer Umwelt beeinflußt, müssen aber lernen, auch mit den negativen Einflüssen besser zurechtzukommen. Letztlich sind wir immer nur durch uns selbst gefährdet. Mit Disziplin, positiven Vorsätzen und Programmierungen in der Entspannung werden wir Stressoren gegenüber unabhängiger.

Zusammenfassung
- Definition von Streß und Stressoren.
- Die wichtigsten Streßfaktoren und ihre Folgen.
- Die Entspannung als Ausgleich.
- Einstellungen und ihre Alternativen.
- Die sieben Schritte einer Situation.
- Entscheidungsängste.
- Die Drei-Finger-Technik, um die Entscheidungskraft zu stärken.
- Die konditionierte Reaktion.
- Die Drei-Finger-Technik als Kurzprogrammierung in Streßmomenten.
- Der erste Eindruck ist die Intuition.
- Ernährung und Bewegung.
- Der Bewußtseinsspiegel als Gewohnheitskontrolle für das Abnehmen.
- Die Einschlafkontrolle.
- Die Kopfschmerzkontrolle.

Die subjektive
Kommunikation

»Ich hing wie eine Spinne im riesigen Weltennetz. Es ähnelte einem Fischernetz, und ich mußte es reparieren. Um mich herum waren viele Menschen mit der gleichen Tätigkeit beschäftigt. Unter uns und über uns war das ganze Universum. Sterne, Monde, Planeten, Sonnen. Lichtschwaden in Regenbogenfarben durchfluteten es. Ich nahm Tiere wahr, Vögel, Fische, Tiger, Elefanten. Sie alle hatten hier ihre Aufgabe. Wir arbeiteten in Harmonie, mußten Fäden knüpfen und sie untereinander zusammenfügen. Jeder verständigte sich mit jedem über Gedanken. Niemand war wichtiger als der andere. Eine unendliche Liebe vereinigte uns. Mir wurde bewußt, daß ich ein Teil eines Ganzen war, in dem alles seine Ordnung hat.«

Diesen großen Traum hatte eine Patientin. Er geht auf das uralte, in unserem Wesenskern enthaltene Wissen zurück, daß wir trotz aller Verschiedenheit zum All-Eins gehören. Nur unsere begrenzte Wahrnehmung schafft die Illusion der Trennung.

Wir sind ein winziger Bestandteil des universellen Hologramms. Wenn in der Holographie ein einziger Ausschnitt eines Gegenstandes aufgenommen wird, enthält er die Information über das ganze Objekt. Wir stehen in Beziehung zu allem, was uns umgibt, und können, wenn wir lernen, die Kontrolle der Logik auszuschalten, zu Informationen über dieses Umfeld hinausgelangen oder selbst Informationen aussenden: in der Entspannung, indem wir mit unseren inneren Sinnen arbeiten. Wir bezeichnen diese Fähigkeit als die **Subjektive Kommunikation.**

Logik und Vernunft, die uns so nützlich sein können, stellen manchmal ein Hindernis dar, wenn es darum geht, die Begrenzungen unseres Denkens aufzuheben. Sie schränken Kreativität und Intuition ein, weil sie gebunden sind an Raum und Zeit, Analyse und Kausalität.

In unseren Träumen wird die Überwachung durch unsere anerzogene Logik ausgeschaltet. Hier entfalten sich Reichtum und Vielfalt unseres Geistes. In den Träumen kann unsere Seele mit uns kommunizieren. Sie sendet uns Botschaften, macht uns auf Irrtümer aufmerksam, tröstet uns, wenn wir in Not sind. Sie versucht, Konflikte zu lösen, und weist den Weg in die Zukunft.

Jeder Mensch träumt, und zwar mehrmals in jeder Nacht. Wir durchlaufen Tiefschlaf-, leichtere Schlafphasen und Traumphasen, die sich in regelmäßigen Zyklen mit einer Dauer von neunzig Minuten wiederholen. Gegen Morgen verringert sich der Tiefschlaf, wohingegen die Traumphasen sich verlängern.

Die Traumphasen werden auch als REM-Schlaf oder paradoxe Phasen bezeichnet. REM ist eine Abkürzung aus dem Englischen für *rapid eye movement,* das heißt schnelle Augenbewegung. Im Tiefschlaf verringert sich die gesamte Organtätigkeit, die Temperatur sinkt, die Atmung wird langsam. Sobald wir in die aktive oder REM-Phase gelangen, wird die Atmung unregelmäßiger und schneller. Der Blutdruck steigt, der Herzschlag ist beschleunigt. Die Scheide ist feucht und das Glied erigiert. Es kommt zu zeitweiligen Zuckungen in den Händen und im Gesicht, die Augen bewegen sich hin und her. Gleichzeitig kommt es paradoxerweise zu einer vollständigen Muskelerschlaffung. Das EEG weist sogenannte Sägezahnwellen auf – wir träumen.

Seitdem Nathaniel Kleitman von der Universität Chicago 1953 die ersten ernsthaften Forschungen über den Schlaf durchführte, entstanden auf der ganzen Welt sogenannte Schlaflabors. Hier werden die Hirnstromkurven der verschiedenen Phasen mit Hilfe des EEGs gemessen, mit dem Elektrodermatogramm mißt man die Hautfeuchtigkeit, der Respirograph mißt die Atmung und vieles mehr. Man versucht herauszubekommen, warum es bei manchen Menschen zu einem plötzlichen Atemstillstand während des Schlafs kommt, oder was passiert, wenn man die Versuchsperson am Träumen hindert. Man will herausfinden, warum manche Menschen zu viel und andere zu wenig schlafen. Neuerdings befaßt man sich auch mehr mit dem sogenannten luziden oder Klarträumen. Durch Biofeedbackmethoden oder Selbstprogrammierung kann man erlernen, sich bewußt zu werden, daß man träumt, und man kann nun – ohne dabei aufzuwachen – handelnd in die eigenen Träume eingreifen. Nur wenige Schlaflabors befassen sich mit dem Inhalt der Träume.

Bei den alten Kulturvölkern, vor allem den Ägyptern und Griechen, spielten die Träume eine große Rolle. Sie gehörten zu ihrem Leben, offenbarten Geheimnisse und erschlossen die Wahrheit höherer geistiger Ebenen. Sie wurden als von Gott gesandt empfunden und gaben den Kranken Heilanweisungen.

Berühmt bis in die heutige Zeit sind die Heiltempel des Asklepios im alten Griechenland. Der nach Heilung Suchende fand dort Wandelgänge und Trinkhallen vor, auch Räume, in denen der heilende Tempelschlaf stattfand und in denen man über die Träume sprach.

Es gab die Traumdeutung in Mesopotamien, Assyrien, China, Indien, Arabien und Griechenland. Die Inkas und Mayas kannten sie. Meist befaßten sich Priester damit. Aufgrund von Träumen wurden Orakel verkündet, die einen großen Einfluß auf die damaligen Menschen ausübten.

Im Talmud, im Alten und im Neuen Testament, in den Veden und im Koran werden Träume als Weisungen Gottes verstanden, seine Warnungen und Befehle zu befolgen. Es gab immer Zeiten, in denen man sich mit der Traumdeutung beschäftigte, und andere, in denen Träume als gefährlich galten, von Teufeln oder Dämonen geschickt. Im Mittelalter wurde die Traumdeutung unter Papst Gregor sogar unter Todesstrafe gestellt.

Das älteste Auslegungsbuch ist das hieratische Buch. Es stammt aus dem Mittleren Reich Ägyptens. Bekannt wurden das Traumbuch des Artemidoros von Daldis, die Deutungen des Bar Hedja und des Rabbis Jismael, die christliche Deutung des Bischofs Synesios von Kyrene und das Buch von Ibn Sirin, der Träume aus dem Koran deutete.

Erst durch Sigmund Freud (1856-1939) wurde die Traumdeutung zu einer wissenschaftlichen Disziplin. In der Psychoanalyse gibt der Traum Aufschluß über das persönliche, während des Lebens entstandene Unbewußte mit seinen verdrängten, vor allem sexuellen Inhalten. So können die Gründe für funktionelle seelische Erkrankungen aufgespürt werden. Für Freud ist der Patient nur in der ersten Lebenshälfte analysierbar.

Carl Gustav Jung (1875-1961) ging nicht in allen Punkten mit den sehr mechanistischen Konzepten Freuds konform. Nach einer mehrjährigen Freundschaft und Zusammenarbeit trennten sie sich. Jung entwickelte die analytische Psychologie, eine tiefenpsychologische Psychotherapie. Er erkannte, daß wir nicht nur ein persönliches Unbewußtes haben, sondern auch ein kollektives Unbewußtes, das wir mit allen Menschen teilen. Es enthält einen religiösen, mystischen Urgrund, der den Einfluß unserer Ahnen als Erbgut enthält. Deshalb ist der Patient gerade in der zweiten Lebenshälfte dazu befähigt, wichtige Erkenntnisse durch eine Therapie zu gewinnen. Von Jung stammt der Ausdruck der »großen Träume«, die visionsartig auf uns wirken, und der Begriff des Archetypus, der in seiner Komplexität nicht leicht zu erklären ist.

Beschäftigen Sie sich mit der Traumdeutung, mit ihren Bildern und Symbolinhalten. Es gibt heute eine ausgezeichnete Fachliteratur zu diesem Thema. Sie können lernen, Ihre Träume selbst zu deuten, und werden sich selbst, das heißt die Personen Ihrer tieferen Schichten, kennenlernen.

Viele Menschen können sich selten oder nie an ihre Träume erinnern. Es ist unbequem, sich mit den negativen Seiten auseinanderzusetzen, mit Egoismus, Haß, Begierden. Wir versuchen zu verdrängen, was uns nicht paßt. Wir wollen bestimmte Konflikte nicht sehen und vergessen die Träume. Manchmal gibt es auch Zeiten, in denen jemand von schrecklichen Alpträumen geplagt wurde. Er wünschte sich, nicht mehr zu träumen. Es war eine Programmierung, die das Vergessen zur Folge hatte. Genauso können Sie durch Programmierung lernen, sich wieder an Ihre Träume zu erinnern.

Die Parapsychologie wird auch als die »Wissenschaft des Verborgenen« bezeichnet. Man untersucht paranormale Phänomene; das sind Geschehnisse, die als außergewöhnliche, geheimnisvolle Erfahrungen plötzlich in unser Leben eindringen. Solchen Erfahrungen stehen wir meist ratlos und ängstlich gegenüber, weil wir sie uns nicht erklären können. Es sind Erfahrungen der Präkognition, der Psychokinese, der Telepathie, außerkörperliche Erfahrungen und Wahrträume.

J. B. Rhine, der von 1937-1950 als Direktor und Professor des parapsychologischen Laboratoriums der Duke University wirkte, verhalf diesem neuen Forschungszweig zu Ansehen, genau wie W. H. C. Tenhaeff, der die erste Dozentur für Parapsychologie an der Universität Utrecht erhielt; Hans Bender, der 1954 an der Universität Freiburg einen Lehrstuhl für Psychologie und Grenzgebiete der Psychologie innehatte, und der Physiker Harold Puthoff durch seine »Fernwahrnehmungs-Experimente«.

In der Silva Methode denken wir praktisch. Da sowohl die Raum-Zeit-Begrenzung als auch die Kontrolle durch die Logik im Traum wegfallen, kann ich mein inneres Bewußtsein im Traum aussenden, um mir Informationen zu besorgen, die ich brauche, um mein Problem zu lösen. Ich muß es nur darum bitten. Es gibt Momente, in denen wir auf der Grundstufe zu keiner Lösungsmöglichkeit gelangen. Meist liegt es daran, daß wir dann nicht genügend Informationen über die gestellte Aufgabe zur Verfügung haben. Setzen Sie die Traumkontrolle ein, um die notwendige Information zu erhalten. Die Technik besteht aus drei Schritten. Sie dürfen, um Erfolg zu haben, keinen auslassen.

1. Schritt: Trainieren Sie zunächst Ihr Erinnerungsvermögen. Gehen Sie kurz vor dem Einschlafen mit der Methode 10 zu 1 auf Ihre Grundstufe. Sagen Sie sich: »Ich möchte mich an einen Traum erinnern, und ich werde mich an einen Traum erinnern.« Schlafen Sie auf der Grundstufe 1 ein. In der Nacht oder morgens werden Sie mit der lebhaften Erinnerung an einen Traum aufwachen. Halten Sie Papier und Bleistift bereit um einige wenige Stichworte über den Inhalt zu notieren. Wiederholen Sie diesen ersten Schritt einige Nächte lang. Sie müssen überzeugt davon sein, daß Ihr inneres Bewußtsein auf Ihre Befehle positiv reagiert. Erst dann sind Sie bereit, den zweiten Schritt der Traumkontrolle durchzuführen.

2. Schritt: Gehen Sie kurz vor dem Einschlafen mit der Methode 10 zu 1 auf die Grundstufe 1. Sagen Sie sich: »Ich möchte mich an mehrere Träume erinnern, und ich werde mich an mehrere Träume erinnern.« Schlafen Sie auf der Stufe 1 ein. Sie werden nachts mehrfach mit der lebhaften Erinnerung an einen Traum aufwachen. Halten Sie Papier und Bleistift bereit und notieren Sie jeweils einige Stichworte. Morgens werden Sie sich an den Inhalt der verschiedenen Träume genau erinnern. Wiederholen Sie diesen zweiten Schritt einige Nächte lang. Sie müssen überzeugt davon sein, daß Ihr inneres Bewußtsein positiv auf Ihre Befehle reagiert. Erst dann sind Sie bereit, den dritten Schritt anzugehen.

3. Schritt: Nehmen Sie an, es fehlt Ihnen an Information, um ein Problem zu lösen. Gehen Sie kurz vor dem Einschlafen mit der Methode 10 zu 1 auf die Grundstufe 1. Sagen Sie sich: »Ich möchte einen Traum träumen, der mir einen Hinweis gibt, wie ich mein Problem lösen kann. Durchdenken Sie Ihr Problem und sagen Sie sich: »Ich werde diesen Traum träumen. Ich werde mich an ihn erinnern, und ich werde ihn verstehen.« Schlafen Sie auf der Stufe 1 ein. Irgendwann in der Nacht oder morgens werden Sie mit der lebhaften Erinnerung an den gewünschten Traum erwachen. Er wird den Hinweis enthalten, wie Sie Ihr Problem lösen können.

Der Chemiker August Kekulé von Stradonitz, die Komponisten Ludwig van Beethoven und Johannes Brahms, die Schriftsteller Henry Miller und Richard Bach, Elias Howe, der Erfinder der Nähmaschine, und Ladislas Josef Biro, der den Kugelschreiber erfand, haben angedeutet, daß sie Inspirationen aus Träumen erhielten oder wenn sie sich in einem entspannten Zustand befanden.

Gerti B. machte eine unangenehme Erfahrung, weil sie ihrem inneren Bewußtsein mißtraute. »Ich besitze mehrere Restaurants. Freunde schlugen mir vor, ein gemeinsam betriebenes Café zu eröffnen. Da die Summe, mit der ich mich beteiligen sollte, ziemlich hoch war, war ich unschlüssig. Sollte ich nun einsteigen oder nicht? Ich wendete die Traumkontrolle an. Auf Anhieb erwachte ich mit der klaren Erinnerung an einen Traum: Ich betrat ein Café. In der einen Ecke saßen meine Freunde, die eventuellen neuen Geschäftspartner, vor einem gedeckten Tisch. Auf ihm standen Torten, Champagner, und der Kellner schleppte dauernd andere Köstlichkeiten heran. Ich näherte mich diesem Tisch und begrüßte meine Freunde. Sie beachteten mich überhaupt nicht, aßen, tranken und unterhielten sich weiter. Bekümmert hockte ich mich an einen Ecktisch. Ich hatte Hunger und wollte ein Sandwich bestellen. Ich winkte und rief, aber der Kellner beachtete mich ebensowenig wie meine Freunde. Mein Tisch blieb leer ... Eigentlich verstand ich sofort die Bedeutung dieses Traums. Er enthielt die Warnung, mich von diesem Geschäft fernzuhalten. Ich würde einen Verlust erleiden und leer ausgehen. Leider schlug mir meine Logik im Wachbewußtsein ein Schnippchen. Ich redete mir ein, Träume seien ja doch nur Schäume. Ich kannte meine Freunde seit dreißig Jahren, und das Geschäft war vielversprechend. Ich habe diese geschäftliche Verbindung, die ich trotzdem einging, bitter bereut. Ich verlor mein Geld, und die vermeintlichen Freunde betrogen mich nach Strich und Faden...«

Oscar G. erzählte: »In meiner Firma, vor allem in meinem Büro, stand alles Kopf. Ich hatte ein wichtiges Dokument verloren. Es ging um einen Kaufvertrag von beinah einer Million. Kästen und Akten wurden vergebens durchstöbert. Mit der Drei-Finger-Technik und auf der Grundstufe kam ich zu keinen Hinweisen. Ich brauchte dieses Papier vier Tage später für die Verhandlungen. In meiner Verzweiflung versuchte ich es mit der Traumkontrolle. In der zweiten Nacht träumte ich, daß ich in einem riesigen Wäschesack wühlte und erwachte. Sofort stand ich auf und ging in die Kammer, in der sich der Sack für die Schmutzwäsche befand. Ich zog Stück für Stück heraus und schüttelte jedes Kleidungsstück aus. Plötzlich fiel aus einer Jackentasche der Vertrag heraus.«

Vera T., eine Werbetexterin, erhält kreative Inspirationen durch die Traumkontrolle: »Manche Aufträge haben es in sich. Ich denke und entwerfe, entwerfe und denke – und nichts kommt dabei heraus. In solchen Fällen wende ich die Traumkontrolle an. Meine Träume enthalten dann anregende Elemente, die ich bei der Ausführung der Aufträge produktiv verwenden kann.«

J. B. Rhine befaßte sich als einer der ersten intensiv mit dem Phänomen der Telepathie. Er benutzte hierzu ein Kartenspiel, die sogenannten Zener-Karten, die aus fünf Symbolen bestehen. Wellenlinie, Quadrat, Stern, Kreuz und Kreis. Zwei Personen arbeiten zusammen, wobei der eine als Sender, der andere als Empfänger fungiert. Der Sender konzentriert sich auf ein

Symbol, und der Empfänger versucht, ohne auf die Karten geschaut zu haben, gedanklich zu empfangen, um welches Symbol es sich handelt. Bei sehr vielen Personen liegt die Trefferquote weit über dem, was zufällig erraten werden kann. Puthoff schickte in seinen »Remote-Viewing«-Experimenten eine Person an einen ihr unbekannten Ort. Während einer Viertelstunde mußte sie sich dort die Eindrücke der Umgebung einprägen. Währenddessen befand sich eine zweite Versuchsperson im Labor und versuchte diese Eindrücke zu empfangen und wiederzugeben. Die Übereinstimmungen waren teilweise frappierend. Die Tatsache, daß sich gedanklich etwas übertragen läßt, wurde auch durch die Versuche des Psychiaters Ullmann im Traumlaboratorium des Maimonides-Hospitals in New York belegt. Hier wurden Versuchspersonen während der REM-Phasen telepathisch beeinflußt. Von dem Psychiater Alexander Cannon stammt folgender Versuch: Eine Versuchsperson wird gebeten, sich in der Entspannung auf ein Foto zu konzentrieren, auf dem eine bestimmte Landschaft abgebildet ist. Zur selben Zeit befindet sich eine zweite Versuchsperson in einem anderen Raum in der REM-Phase. Sobald die REM-Phase abgeschlossen ist, weckt man sie und bittet sie, von ihrem Traum zu berichten. Im Traumbericht sind genaue Einzelheiten des Fotos enthalten.

José Silva sagt dazu: »Gedanken sind Energien. Wir können sie wie den elektrischen Strom gezielt leiten, und wir können Gedanken empfangen. Es handelt sich um keine mysteriöse Fähigkeit einiger weniger, sondern jeder besitzt diese natürliche Gabe. Wir sollten sie nutzen.«

In der Silva Methode sprechen wir von der Technik der **Nachrichtenübermittlung.**

Aufgrund der erwähnten Versuche wissen Sie nun, daß jeder Mensch während der REM-Phasen ein besonders guter Empfänger von Gedanken ist. Gehen Sie vor dem Einschlafen mit der Methode 10 zu 1 auf die Grundstufe 1. Sagen Sie sich: »Ich möchte gerne aufwachen, wenn Herr/Frau X empfangsbereit ist.« (Nennen Sie den Namen der Person und den Ort, wo sie sich aufhält). Schlafen Sie auf der Grundstufe 1 ein. Irgendwann in der Nacht werden Sie erwachen. Gehen Sie davon aus, daß diese Person gerade träumt. Ihr inneres Bewußtsein weiß über alles Bescheid. Setzen Sie sich im Bett auf. Gehen Sie mit der Methode 10 zu 1 auf die Grundstufe 1. Visualisieren Sie diese Person und stellen Sie Harmonie zwischen Ihnen beiden her. Sie können das erreichen, indem Sie liebevolle Gedanken schicken oder diesen Menschen in ein helles Licht hüllen und ihm dabei Gutes wünschen. Senden Sie in präzisen, knappen Sätzen Ihre Nachricht aus. Legen Sie sich hin und schlafen Sie weiter.

Versuchen Sie, Ihr Anliegen so zu formulieren, daß Sie Negationen sprachlich vermeiden. Lassen Sie Worte wie nicht, niemals, kein usw. weg. Wenn wir für uns selbst programmieren, können wir uns so ausdrücken, wie uns der Schnabel gewachsen ist. Unser Körper und unsere Seele verstehen sehr wohl eine eindeutige Verneinung. Sie können also in der Entspannung durchaus sagen, das und das will ich nicht. Wenn wir an Menschen Nachrichten senden, die gar nichts davon wissen, wenn wir unsere gedankliche Post vor allem in »Bildern« ausschicken, kommt es klarer beim anderen an, wenn wir eindeutige, positive Aussagen machen. Überlegen Sie sich vor dem Senden, wie Sie Ihre Nachricht formulieren können. Wiederholen Sie die Technik in mehreren Nächten und warten Sie die Reaktion ab.

Befürchten Sie, eventuelle Aggressionen andern gegenüber nicht unterdrücken zu können? Ihre Befürchtung ist unbegründet. Denken Sie daran: Die Entspannung kennt keine negativen Emotionen. Unser inneres Bewußtsein hat das Bedürfnis nach Harmonie und Liebe. Wenn Sie in Wut senden, sind Sie nicht entspannt, sondern auf der Äußeren Bewußtseinsstufe, und da wird die Post noch nicht einmal abgehen. Sie kommt höchstens wie ein Bumerang auf Sie selbst zurück.

Befürchten Sie, etwas bei einem Menschen zu erreichen, was

er gar nicht will? Ihre Befürchtung ist unbegründet. Wir alle besitzen von Geburt an einen natürlichen Schutzmechanismus. Er schirmt uns ab. Gegen den Willen eines anderen Menschen werden Sie niemals gedanklich etwas ausrichten können.

Vor einigen Jahren wollte ich einem meiner Söhne, der gerade achtzehn war, helfen. Er befand sich in einer seelischen Krise, kam mit sich selbst nicht und keinem von uns zurecht.

Im Wachbewußtsein hatte ich mir genau überlegt, was ich sende. Als ich nachts erwachte und auf die Grundstufe ging, erkannte ich, daß diese Krise ein Reifeprozeß war und er sich allein helfen mußte. Ich schickte ihm nur viel Liebe.

Wann verwenden Sie die Nachrichtenübermittlung?
- Bei sämtlichen Konfliktsituationen mit anderen Menschen.
- Es gibt Situationen, bei denen ein anderer »zu-«macht und wir durch ein offenes Gespräch nicht weiterkommen.
- Wenn Ihnen jemand unrecht getan hat und Ihnen ausweicht.
- Bei Entfremdungsphasen in der Partnerschaft.
- Wenn jemand intrigiert.
- Vor wichtigen Verhandlungen, um den Verhandlungspartner dem Thema gegenüber zu öffnen.
- Immer dann, wenn Sie bei einem Menschen, der ein »Langsamdenker« ist, etwas erreichen möchten. Solche Menschen neigen dazu, bei unerwarteten Vorschlägen und Anfragen verschreckt zu reagieren. Sie sagen erst einmal nein. Bereiten Sie ihn gedanklich vor. Sie vermeiden, daß er sofort absagt. Er wird sich die Sache überlegen.
- Wenn Sie möchten, daß jemand zu Ihnen Verbindung aufnimmt und Sie keine Gelegenheit finden, es ihm persönlich zu sagen.
- Wenn ein Kunde bei einem Kauf Bedenken hat und sich nicht entscheiden kann. Machen Sie ihm die Vorzüge Ihres Produkts gedanklich klar. Entscheidet er sich dann doch dagegen, wird er seine berechtigten Gründe haben.

114

- Wenn es Ihnen peinlich ist, einen Menschen auf seine Schwäche hinzuweisen, etwa ein Angestellter, der heimlich trinkt. Reden Sie zunächst gedanklich mit ihm. Das anschließende Gespräch wird besser aufgenommen.

Verwenden Sie die Nachrichtenübermittlung sowohl im beruflichen als auch im privaten Bereich.

Ein Freund von mir, Informatiker, steckte in einer schwierigen Lage: »Ich war auf sehr gute Konstruktionsverbesserungen bei einem Computer gekommen. Die Verhandlungen mit der Konstruktionsfirma, der ich meine Idee verkaufen wollte, waren äußerst schleppend. Der Geschäftsführer hatte nur geringe Kenntnisse von diesem Fachgebiet. Anstatt einen Fachmann aus seiner Firma hinzuzuziehen, wickelte er die Gespräche mit mir allein ab. Andererseits versuchte er seine Unkenntnis zu verdecken und tat ständig so, als ob er alles begriff. Wir steckten fest und hatten einen Termin eine Woche später vereinbart. In dieser Zeit versuchte ich es mit der Nachrichtenübermittlung. In drei Nächten erklärte ich ihm die Vorteile meiner Ideen. Ich hatte mir vorgenommen, beim neuen Termin noch mal in etwa den gleichen Worten meine Vorschläge zu unterbreiten. Das war aber nicht notwendig. Als ich mit der Erklärung begann, unterbrach er mich: ›Das geht in Ordnung, Herr K. Ich habe mir das Ganze nochmals überlegt und werde Ihre Ideen dem Verwaltungsrat unterbreiten. Die nächste Serie geht mit Ihren Verbesserungen in die Produktion.‹«

Eine Kursteilnehmerin erzählte mir von ihrem Eheproblem. »Mein Mann ist eigentlich ein herzensguter Kerl, aber manchmal hat er Zeiten, in denen er sich völlig von mir zurückzieht. Er übersieht mich und redet kaum mit mir. Ich fühle mich dann einsamer als unser Hund, der wenigstens regelmäßig von Rolf seine Streicheleinheiten erhält. Wenn ich ihn auf sein Verhalten aufmerksam mache, wird er unwirsch und murmelt irgend etwas in seinen Bart.« Ich riet dieser Frau, die Nachrichtenübermittlung anzuwenden, um ihren Mann klarzumachen, wie allein und unglücklich sie sich fühlte. Sie kam zur Wiederholung des Seminars ein Jahr später wieder. »Es ist unglaublich. Seitdem ich bei seinen Abschaltattacken regelmäßig die Nachrichtenübermittlung einsetze, kommt er oft aus sich heraus. Er spricht von seinen Sorgen und Ängsten. Wir haben ein wesentlich besseres Verhältnis.«

In der Therapie lasse ich die Patienten auf der Grundstufe Konflikte mit anderen Menschen bearbeiten und bereinigen. Unterstützend verwenden sie die Nachrichtenübermittlung. Die kathartische Wirkung ist offensichtlich – nicht nur beim Patienten selbst, sondern auch bei den Menschen, mit denen sie einen seelischen Konflikt austragen. Zwischen der eigenen inneren Dimension und der des anderen gibt es in der Entspannung keine Schranken. Das Hindernde löst und befreit sich.

Die **subjektive Erziehung** ist ein Anliegen der Silva Methode. Kinder sind keine kleinen Erwachsenen. Sie denken, fühlen und verhalten sich infolgedessen anders als wir. Sie sind kreativer und intuitiver, weil sie wesentlich mehr niedrige Hirnströme auch während des Tages produzieren als der Erwachsene. Sie haben ihren eigenen Schlafrhythmus. Sie denken und speichern in Bildern. Ein Kind, das von viel Negativität umgeben ist, ist ein armes Kind. Es kann sich auf der Äußeren Bewußtseinsstufe noch nicht gegen dieses Negative wehren, da es im Bewußtsein der Eltern lebt und sein eigenständiges selbstreflexives Bewußtsein noch nicht entwickelt hat. Weil Kinder praktisch immer in der leichten Entspannung leben, bekommen sie unterschwellig alles über ihre Umgebung mit – sämtliche Gedanken, auch solche, die der Erwachsene verheimlichen möchte. Ich kenne Eltern, die sich alle erdenkliche Mühe gemacht haben, ihre Kinder nicht spüren zu lassen, daß es in der Ehe nicht funktionierte. Sie sprachen weder mit den Großeltern noch mit Freunden über Trennungsabsichten, manchmal jahrelang nicht. Wenn sie schließlich den Kindern mitteilten, sie würden sich scheiden lassen, fielen sie aus allen Wolken, als die Kinder sagten, sie wüßten es schon lange. Gewöhnen Sie sich an, mit Ihren Kindern über Schwierigkeiten zu sprechen. Sie müssen es nicht mit dem Holzhammer tun, sondern sie liebevoll über dieses und jenes aufklären. Das Kind gerät sonst in einen Zwiespalt. Sie spielen ihm eine Wirklichkeit vor, die es nicht gibt, und das Kind weiß, daß Sie ihm etwas vormachen. Ein gestörtes Verhalten wird die Folge sein.

Auf der Äußeren Bewußtseinsstufe erziehen wir durch Worte und Körpersprache. Wir bringen Zorn, Heiterkeit, Enttäuschung, Freude und Erregung durch Gebärden, den Gesichtsausdruck und die Sprache zum Ausdruck. Unzählige Male überfordern wir unsere Kinder, machen sie mutlos mit unserer überzogenen Erwartungshaltung und schüchtern sie ein durch unser autoritäres Verhalten. Das Kind kann sich dagegen im Wachbewußtsein nicht wehren. Es wird sich anpassen oder mit Trotz, Bockigkeit und Tränen reagieren, was uns unter Umständen noch gereizter werden läßt und noch stärker in der Ablehnung.

Gewöhnen Sie sich an, über die Gedanken zu erziehen, vor allem in weniger leichten Momenten. Diese Methode wirkt selbsterzieherisch. Auf der Grundstufe werden Sie sich sofort klar darüber, wenn Sie zuviel verlangen und zuwenig Verständnis aufbringen.

Gehen Sie mehrmals während des Tages mit der Methode 10 zu 1 auf die Grundstufe 1 und sprechen Sie gedanklich mit Ihrem Kind. Legen Sie ihm deutlich dar, was es tun soll. Rechnen Sie mit zwei Reaktionen. Entweder Ihr Kind gehorcht, ohne daß es zu Auseinandersetzungen kommt, oder aber nicht. Der Schutzmechanismus wirkt, was die Gedanken anbelangt, beim Kind so stark, daß es niemals etwas tun und annehmen wird, was für es selbst negativ wäre. In diesem Fall gehen Sie nochmals auf die Grundstufe und überlegen sich, wo bei *Ihnen* der Fehler liegt. Wahrscheinlich beurteilten Sie eine Situation falsch.

Naomi Curtis, eine katholische Nonne, arbeitet seit vielen Jahren im pädagogischen Bereich mit der Silva Methode. Sie schrieb ihre Doktorarbeit über das Thema der »subjektiven Erziehung«.

Wir bieten Kindern von Absolventen (Alter zwischen sieben und zwölf) spezifische Kinderseminare an. Die Gruppen sind kleiner als die der Erwachsenen. Wir gehen auf persönliche Probleme der Kinder ein. Sie sitzen am Boden und zeichnen. Der Kurs beinhaltet Lerntechniken, Techniken, um mit Ängsten umzugehen, Techniken, um Probleme zu lösen und Selbstvertrauen zu stärken. Die subjektive Gedankenwelt ist ihre Welt. Dort fühlen sie sich zu Hause und haben weniger Schwierigkeiten als mancher Erwachsene in seinem ersten Seminar.

Wir können mit Menschen über Gedanken in Verbindung treten. Funktioniert dies auch bei Pflanzen und Tieren?

»Ihre Pflanzen wissen, was Sie denken!« Das war die aufregende Feststellung, die Cleve Backster vor über zwanzig Jahren machte. Er war Ausbilder im U. S. Army Counter Intelligence Corps, hat mit dem CIA zusammengearbeitet und gilt als Fachmann für Lügendetektoren. Backster ist Absolvent der Silva Methode. Seine Versuche wurden durch das Buch *Das geheime Leben der Pflanzen* bekannt. Mit Hilfe eines Polygraphen führte er Messungen durch und entdeckte, daß Pflanzen auf positive und zerstörerische Gedanken eines Menschen reagieren, daß sie sich besonders stark auf die Person einstellen, die sie kennen und sogar über große Distanzen gefühlsbetonte Regungen, wie beispielsweise Angst, registrieren. Man sprach vom »Backster-Effekt«. Sein neuestes Buch, von ihm selbst und Robert Stone, einem Absolventen der Mind Control, geschrieben, *Das geheime Leben Ihrer Zellen (The Secret Life of Your Cells)*, wird wahrscheinlich noch mehr Aufsehen erregen:

– Die Zellen in unserem Mund reagieren auf Horrormeldungen.
– Die Zellen haben ihr eigenes Bewußtsein und fangen gedankliche Informationen auf.

- Das Sperma eines Mannes reagiert noch Stunden nach der Ejakulation, selbst aus der Entfernung, auf seine Gefühle und Erlebnisse.
- Yoghurtbakterien sind neugierig und wissen über Ihre Absichten Bescheid.
- Hühnereier geraten in einen »Schockzustand«, wenn sie gekocht werden sollen.
- Elektrische und magnetische Felder üben einen Einfluß auf lebende Organismen aus.

Vor einigen Jahren traf ich beim Weltkongreß der Silva Methode in Madrid mit Cleve Backster zusammen. Wir wohnten im gleichen Hotel, auf der gleichen Etage. Am ersten Abend war ich bis in die Morgenstunden mit Freunden ausgegangen. Ich stand ziemlich übermüdet und sicherlich nicht sehr frisch aussehend um acht Uhr neben dem Aufzug. Da erschien Cleve. Er sah mich stirnrunzelnd an und ebenso den Philodendron neben dem Aufzug. Er räusperte sich und bemerkte: »Dieser Philodendron gibt mir hier gerade zu verstehen, daß du heute erst recht spät ins Bett gekommen bist.« Ich war verwirrt, guckte Cleve an und den Philodendron. »Woran merkst du das?« Cleve runzelte wieder die Stirn, strich mit der Hand über ein Blatt und sagte: »Siehst du dieses Blatt? Es zitterte ziemlich irritiert, als ich in deine Richtung sah.« Ich schaute sprachlos das Blatt an, dann Cleve und bemerkte ein winziges Zucken um seinen Mund. Wir brachen beide in schallendes Gelächter aus. Eigentlich wäre ihm diese Geschichte zuzutrauen. Bei seinen Versuchen fallen ihm die verrücktesten Dinge ein.

Ana Maria Selman, Zellbiologin und selber Ausbilderin der Silva Methode in Spanien, hat in einer zweieinhalbjährigen Forschungsarbeit, die sie an der Universidad Complutense Madrid durchführte, nachgewiesen, daß die Wurzeln bei der *Allium cepa,* einer französischen Zwiebel, durch eine mentale Beeinflussung schneller wuchsen. Alle Versuchspersonen waren Absolventen der Silva Methode. Sie teilte sie in drei verschiedene Gruppen auf. Erwachsene, Jugendliche zwischen 16 und 17 Jahren und Kinder zwischen 11 und 12. Jeder Gruppe zeigte sie so eine Zwiebel ein einziges Mal. Aus vierzig Zwiebeln, die in mit Nummern versehenen Gläsern hingen, suchte sich jede Versuchsperson vier Zwiebeln aus, die sie programmieren wollte. Auf einem Blatt Papier, das später in einen versiegelten Umschlag kam, notierten sie die Nummern der Zwiebeln und ihren eigenen Namen. Die Umschläge wurden in einem Safe bis zum Ende der Versuchsreihe aufbewahrt. Ana Maria bat die Personen, sich dreimal täglich auf die Grundstufe zu begeben, um die Zwiebeln mit Hilfe der Technik des Bewußtseinsspiegels aus der Ferne zu programmieren, das heißt zu visualisieren, wie die Wurzeln schneller wachsen. Das Wachstum der programmierten Wurzeln wurde mit dem Wachstum von nichtprogrammierten verglichen. Bei den Erwachsenen wuchsen sie um 60 Prozent, bei den Jugendlichen um 106 Prozent und bei den Kindern um 500 Prozent schneller als normalerweise. Bei diesen Ergebnissen handelt es sich um die besten Durchschnittswerte.

Die Wirkung von Erdstrahlen auf den Menschen untersuchte eine österreichische Forschergruppe, die aus Medizinern, Physikern, Biochemikern und Technikern bestand. In einer mehrjährigen Forschungsarbeit an 985 Versuchspersonen und mit über 460 000 Messungen untersuchten sie unter anderem die bioelektrischen Regulationssysteme und deren Belastung durch Störzonen. Mit Genehmigung von Professor Hugo Hubacek zitiere ich aus seinem Vortrag, den er im Allergy and Environmental Medicine Hospital, Breakspear College, im September 1989 in London hielt.

»Unter ›Erdstrahlen‹ oder besser ›geopathogenen Störzonen‹ versteht man Anomalien von elektrischen, magnetischen und elektromagnetischen Feldern an der Erdoberfläche. Da diese Feldanomalien durch technische Felder wie Starkstromleitun-

120

gen, Fernseh- und Rundfunkwellen, Radar etc. noch überlagert und damit ständig verändert und verstärkt werden, ist die physikalische Messung solcher geopathogener Störzonen äußerst schwierig und nur mit einem hohen finanziellen und fachlichen Aufwand durchführbar.

Aus diesem Grund und der letztlich noch offenen Frage nach den Grenzwerten für biologisch schädigende elektrische und magnetische Felder ist die Messung der Auswirkungen geopathogener Störzonen nur am Menschen selbst zielführend.«

Die Forschergruppe wies nach »...daß die Regel- und Steuermechanismen des Menschen – vor allem das vegetative Nervensystem – durch Erdstrahlen falsch ›informiert‹ werden ...«

»...so konnte die österreichische Forschergruppe tatsächlich im Blut von Personen, die geopathogenen Störzonen ausgesetzt waren, Konzentrationsveränderungen von Immunglobulinen nachweisen. Letztere werden von den weißen Blutkörperchen zum Kampf gegen Bakterien und Viren gebildet.«

»Störfelder verursachen entweder vorübergehende oder chronische bzw. degenerative Wirkungen.«

»Der Mensch ist eine ideale Antenne für Erdstrahlen, nimmt leider aber auch schädliche auf.«

»Geopathogene Störfelder sind in den Häusern stärker wirksam als in der freien Natur. Sie werden auch in mehreren Stockwerken übereinander wirksam. In Stahlbetonbauten verschieben sie sich oft seitlich von Etage zu Etage. Sie können zusätzlich durch Einwirkungen von technischen Geräten und Maschinen sowie durch Radio-, Fernseh- oder Satellitensender, durch Transformatoren, Steigleitungen etc., aber auch durch Federkernmatratzen sowie Metallrohrleitungen (Wasser, Gas, Fernwärme), Heizkesselanlagen etc. oft wesentlich verstärkt werden ...«

»Störzonen wirken sich ungünstig bei Erkrankten oder energetisch geschwächten Personen aus. Sie verhindern die lindernde oder heilende Wirkung von Medikamenten im besonderen bei homöopathischen Behandlungen. Sie verhindern überdurchschnittliche Leistungsergebnisse. Sie beeinträchtigen bei Kindern das gesunde Wachstum sowie bei Jugendlichen die Konzentrationsfähigkeit...«

Die gleiche Gruppe untersucht seit zehn Jahren, ob in Metallen Informationen gespeichert werden könnten. Sie entwickelten eine Seife, in der sehr geringe Mengen eines Metalls enthalten sind, welches nach einer neuen Technologie mit Informationen versehen wird. Dieses Metall gibt seine Informationen (elektromagnetische Wellen) an die Seife ab. Gelangt diese Seife ins Wasser, gehen diese Informationen auf das Wasser über. Badet der Mensch in einem solchen Wasser, gelangen diese Informationen auf die Haut des Menschen und »informieren« über die Nervenbahnen (vegetatives Nervensystem) die einzelnen Organe. Seit ungefähr einem Jahr kann diese Forschergruppe fast alle Materialien mit Informationen versehen.

Wie wenig wissen wir über Energien und ihre Wirkung auf uns, und wie wenig wissen wir über die Wirkung unserer eigenen Energie auf unser Umfeld? Die Frage ist sehr komplex. Im wesentlichen wird die durch die Nahrungsaufnahme gespeicherte Energie (chemische Energie) bei der Verdauung und durch die Sauerstoffaufnahme aus der Luft beim Atmen in Wärmeenergie (kinetische Energie) umgewandelt. Diese Wärmeenergie hält die Körpertemperatur konstant. Im thermischen Gleichgewicht mit der Umgebung wird diese Wärmeenergie über die Oberfläche der Haut abgegeben. Die abgegebene Wärmeenergie tritt dabei in Form kinetischer Energie, aber auch in Form elektromagnetischer Wellen auf. Ein großer Teil dieser elektromagnetischen Wellen liegt dabei im Frequenzbereich der Infrarotstrahlung. Soweit derzeit bekannt, spielen auch Frequenzen im UV-(Ultraviolett)-Bereich bis hinunter in den langwelligen Radiobereich eine Rolle. Die Messungen diesbezüglicher Wellen sind äußerst schwierig und daher zum Teil in der Naturwissenschaft noch umstritten.

Radiästhesisten, deren Messungsmethoden von den Natur-wissenschaftlern nicht anerkannt werden, sagen, daß unser bioenergetisches Feld eine Reichweite von siebeneinhalb und mehr Metern aufweist.

Was passiert mit unserer individuellen Energie nach dem Tod? Gibt es ein persönliches Überleben? Dieser Frage widmeten sich viele im Bereich der Thanatologie, der Forschungsrichtung, die sich mit den Problemen des Sterbens und des Todes befaßt. In den Schriften von Elisabeth Kübler-Ross, Michael Sabom und Raymond A. Moody werden genügend Erlebnisse von Pati-enten geschildert, die einen klinischen Tod durchmachten und dann doch noch einmal ins Leben zurückkehrten und Erinne-rungen an ihre Erfahrung behielten. Diese Berichte von Patien-ten aus den verschiedensten Ländern sind in ihrer Darstellung merkwürdig übereinstimmend. Sie schildern, wie sie ihren Kör-per verlassen und sich von »oben« beobachten. Sie erzählen, wie sie alle Gespräche hören können und sehen, was mit ihrem Körper geschieht, selbst jedoch nicht mit den Menschen kom-munizieren können. Viele beschreiben, daß sie durch eine Art von Tunnel schwebten, einem hellen, liebevollen Licht entge-gen. Sie berichten von Verwandten und Freunden, die sie dort erwarteten, von einem »Lichtwesen«, das sich ihrer annahm, und wie sie ihr gesamtes Leben lückenlos und panoramahaft überblickten und im Beisein dieses Lichtwesens beurteilten. Alle, ohne Ausnahme, sagen, es sei so schön dort, daß sie ei-gentlich nicht zurückkehren wollten. Auf die Frage, warum sie es dann trotzdem taten, antworten sie, dieses Lichtwesen habe ihnen zu verstehen gegeben, daß ihre Lebensaufgabe noch nicht beendet sei. Alle, die diese Sterbeerfahrung gemacht hatten, er-lebten eine sehr tiefgehende Persönlichkeitsverwandlung. Sie kennen keine Todesangst mehr und versuchen, ihrem Leben mehr Sinn zu geben. Sie sagen, sie hätten verstanden, daß wir leben, um Liebe zu erfahren und Liebe an unsere Mitmenschen weiterzugeben.

Raymond A. Moody *(Das Leben nach dem Tod)*, hielt am 13. 12. 1991 einen Vortrag. Ich möchte kurz über seine neuen, wie er selbst sagt »bahnbrechenden Forschungen« der letzten Monate berichten.

»... ich möchte nicht, daß wir hier auseinandergehen, ohne Ihnen etwas über meine neuen Versuche zu erzählen. So aufsehenerregend sie auch sein mögen, ich möchte nachdrücklich betonen, daß wir noch so in den Anfängen dieser Forschungsarbeit stecken, daß sie bisher noch keinen Beweis erbringt für ein Leben nach dem Tod. Obwohl viele von uns Wissenschaftlern eine langjährige Erfahrung mitbringen, sind diese Arten von Forschungen von ihrer Durchführung her sehr schwierig. Es gibt einen Film, den ich selbst nicht gesehen habe und in dem bei Studenten ein Herzstillstand hervorgerufen wurde, um paranormale Erlebnisse herbeizuführen. Ich selbst bin gegen solche Experimente, die gegen jede Ethik verstoßen. Sie weisen jedoch auf, welche Faszination diese Art von Erlebnissen auf uns ausübt.

Ich darf Ihnen jetzt mitteilen, daß wir mit Erfolg und auf eine natürliche Weise fertigbrachten, die Erscheinungen Verstorbener zu produzieren. In Kürze werden wir Einzelheiten über diese Arbeit veröffentlichen. Es gibt Menschen, die das sogenannte ›Tunnelerlebnis‹ hatten, und andrerseits berichtet ein hoher Prozentsatz von Menschen über Erlebnisse außersinnlicher Art, bei denen sie den Eindruck der Präsenz eines kürzlich verstorbenen Angehörigen hatten. Ich möchte betonen, daß ich hier nicht über Spiritismus und Medien spreche, sondern über Erlebnisse von Durchschnittsmenschen. Seit Mai haben wir eine Methode entwickelt, durch die wir normalen, ausgeglichenen Menschen solche Erlebnisse vermitteln können. Ich weise darauf hin, daß wir keinerlei sensationelle Absichten hatten und deswegen diskrete, verantwortungsbewußte und reife Versuchspersonen wählten. Ich wählte in erster Linie Kollegen, wie zum Beispiel Psychologen und Ärzte, für diese Versuche aus. Menschen, die ein Interesse am menschlichen Bewußtsein haben. Bei diesen Versuchen verwendeten wir keinerlei Drogen oder ähnliches. Wir schlossen Menschen mit Inklinationen zum Okkultismus aus oder mit vorgefaßten, fest verankerten religiösen Meinungen, also auch solche, die überzeugt davon sind, daß es ein Leben nach dem Tod gibt. Die Ergebnisse übertrafen alle unsere Erwartungen. Ursprünglich wollte ich zehn Versuchspersonen auswählen und sie über eine längere Zeit testen. Ich erwartete, daß zwei dieser V. P. [Versuchspersonen] Erfolge aufweisen würden, und dachte, daß sie mir sagen würden: ›Ja, ich habe jemanden gesehen. Ich weiß aber nicht, ob es meine Einbildung war.‹ Oder: ›Ja, ich habe eine Form wahrgenommen, die meiner Mutter ähnelte.‹ Ich stand allem sehr skeptisch gegenüber. Wir erreichten jedoch überraschende Erfolge. Die V. P. waren in allen Fällen überzeugt von der Authentizität der Erscheinungen. Sie nahmen sie dreidimensional, farbig und lebendig wahr. Alle V. P. hatten das Gefühl, einen wirklichen Kontakt gehabt zu haben ... Im Grunde ist unsere Methode so einfach, daß sie praktisch jeder durchführen könnte. Ich möchte nochmals unterstreichen, daß wir hier nicht von mentalen, also Gedankenbildern sprechen. Die Erscheinungen wurden mit offenen Augen so wahrgenommen, wie wir die Gegenstände unserer Umgebung im Wachbewußtsein sehen. Wir haben mit dieser Methode erreicht, den Tunnel dieser Realität zur anderen zu durchstoßen. Wir sind zum erstenmal fähig, unter kontrollierten Laborbedingungen Phänomene zu produzieren, die bisher als paranormal bezeichnet wurden. Obwohl die Kürze der Zeit es noch nicht erlaubte, Persönlichkeitsveränderungen der V. P. eindeutig festzustellen, scheint alles darauf hinzudeuten, daß diese doch in ihrem Leben bisher sehr intellektuell ausgerichteten Menschen aus dieser Erfahrung das Gefühl mitbrachten, sich mit mehr Liebe und Verständnis als bisher um den Mitmenschen kümmern zu müssen ...«

Dr. Moody gab mir anschließend liebenswürdigerweise ein persönliches Interview, das ich ebenfalls in Ausschnitten wiedergebe.

– Dr. Moody, ich war gestern bei Ihrem außergewöhnlich interessanten Vortrag. Wo haben diese neuesten Versuche stattgefunden?

M: Ich habe einen sehr schönen Ort in Alabama gefunden, mit einer alten Wassermühle von 1839, in der die Versuche stattfinden.

– Bei Ihren Ausführungen gestern abend bemerkte ich, daß Sie emotional sehr beteiligt schienen. Haben Sie bei sich selbst diesen Versuch durchgeführt?

M: O ja, ich habe diese Technik bei mir selbst angewandt und finde die Ergebnisse sehr interessant.

– Haben Sie Vergleichsmöglichkeiten zu ähnlichen Erfahrungen, die durch hyperventiliertes Atmen zustande kommen? Ich selbst hatte eine solche Tunnelerfahrung durch das holotrope Atmen bei einem Seminar mit Stanislav Grof. Für mich war diese Erfahrung sehr real.

M: Ich habe selbst so eine Sitzung mit Grof mitgemacht. Diese Technik ist jedoch anders. Ich bin beim jetzigen Stand der Versuche nicht sicher, ob hier Vergleichsmöglichkeiten gegeben sind. Sie haben mir aber eine sehr interessante Frage gestellt, die wir bei den Untersuchungen mit berücksichtigen sollten.

– Stehen diese Erfahrungen in Verbindung mit einer Hypoxie [Sauerstoffmangel]?

M: Nein, unter gar keinen Umständen.

– Handelt es sich bei diesen hypothetischen Erscheinungen um Blutsverwandte oder Freunde? Erscheinen manchmal Unbekannte?

M: Bisher war es so, daß ich die V. P. bat, einen Verstorbenen zu wählen, den sie gerne wiedersehen wollte. Bisher suchte daher jeder einen Verwandten aus, aber interessanterweise, und zwar in zwei Fällen, erschien ihnen jemand anders. Es waren jedoch Menschen, die ihnen einst nahestanden. In einem Fall wollte jemand seinen Vater sehen, es erschien aber ein verstorbener Geschäftspartner.

– Wie lange dauert eine Erscheinung. Sekunden? Minuten?

M: Es handelt sich um Minuten und nicht nur um Sekunden. Ich habe bisher noch keine Möglichkeit gefunden, die Zeit zu stoppen. Wenn die Versuchsperson sich auf eine Uhr oder so etwas konzentrieren soll, würde es sie vom eigentlichen Experiment ablenken.

– Kommt es zu einer Art von Kommunikation zwischen der V. P. und der Erscheinung?

M: Bisher kam es zu keiner Information im Sinne von einer spezifischen Informationsübermittlung. Die V. P. sagten jedoch aus, zu fühlen, daß diese Erscheinung sie erkannte. In einem Fall sagte ein Mann aus, es sei zu einem Gedankenaustausch gekommen zwischen ihm und seiner Mutter, die ihm erschienen war.

– Haben einige Versuchspersonen, die eine positive Erwartungshaltung aufwiesen, ein negatives Ergebnis gehabt, in dem Sinn, daß keine Erscheinung auftrat?

M: Wir haben noch keine Erfahrungen, was die Erwartungshaltungen anbelangt und welche Faktoren hier zu berücksichtigen sind. Ich habe aber ein gutes Gefühl diesbezüglich. Wir hatten V. P., die eindeutig eine negative Erwartungshaltung aufwiesen und trotzdem eine Erscheinung wahrnahmen. Also anscheinend blockiert es das Erlebnis nicht, wohingegen es vermutlich blockierend wirkt, wenn jemand zu angespannt an die Sache herangeht.

– In welchem Bewußtseinszustand befindet sich die V. P.? Ist sie entspannt oder in einem konzentrativen Zustand?

M: Ich kann diese Frage noch nicht eindeutig beantworten. Die bisherigen Beobachtungen ergeben jedoch, daß es vor allem bei »unbedingtem Wollen« blockieren könnte.

- Haben Sie schon Persönlichkeitsveränderungen an der V. P. erlebt, ähnlich wie sie nach Sterbeerlebnissen festzustellen sind?

M: In den meisten Fällen werden die V. P. aufgewühlt. Es berührt sie zutiefst. In einem Fall weinte eine Frau immer wieder, und zwar Freudentränen, und sagte, sie würde nie mehr die gleiche sein. Diesen ganzen Fragen werden wir in Zukunft sehr viel Aufmerksamkeit widmen.

- Dr. Moody, ich danke Ihnen für dieses Gespräch.

Stehen wir in diesen Zeiten der Verwirrung an einem Punkt, an dem wir nicht nur durch den Glauben, sondern auch durch die Wissenschaften das Sinnvolle im scheinbar Sinnlosen unserer Existenz erkennen werden?

Zusammenfassung
- Das universelle Hologramm.
- Der Schlafrhythmus.
- Die Traumdeutung (Freud – Jung).
- Die Parapsychologie.
- Die Traumkontrolle in drei Schritten.
- Die Nachrichtenübermittlung.
- Die subjektive Erziehung.
- Pflanzenversuche – Erdstrahlen – Metalle speichern Informationen.
- Das bioenergetische Feld.
- Die Thanatologie.

Die kreative Dimension

Meister, wie kann ich lernen, meinen Gleichmut zu bewahren und dem Leben gegenüber nicht so verletzbar zu sein?

Der Schlüssel liegt in der seelischen Stärke. Diese Stärke bringt den Sieg über deine Schwächen. Über die Emotionen, die dich beherrschen, über Trauer, Mutlosigkeit und Schuld. Durch Disziplin, Beharrlichkeit und Klarheit der Gedanken kannst du diese Stärke erlangen.

Sathya Sai Baba

Dem heutigen Menschen fehlt es in großem Maß an Eigenverantwortung, Selbstbeherrschung und geistiger Flexibilität. Widrige Ereignisse schiebt er der Fatalität oder dem Schicksal in die Schuhe.

José Silva ist der Auffassung, daß dies ein großer Irrtum ist: »*Wir* sind die Architekten unserer Gedanken, die sich in Handlungen verwandeln, und unsere Handlungen bestimmen unser Schicksal. Der westliche Mensch benutzt mehr und mehr ausschließlich die objektive Energie. Er vernachlässigt, aus der reichhaltigen Quelle der subjektiven Energie zu schöpfen ...« (Vortrag von José Silva 1977)

Im Äußeren finden wir keinen wirklichen Halt. Wenn wir den Boden unter den Füßen verlieren, können wir einen festen Grund nur in uns selbst finden, in unserer eigenen inneren Dimension, denn unser inneres Bewußtsein ist intuitiv und kreativ. Es hilft Ziele zu erkennen, gibt uns Antworten auf schwierige

129

Fragen, verbessert augenblickliche Situationen. Kreativität ist produktives Denken, durch das wir zu neuen Lösungsmöglichkeiten kommen. In der Kreativität bringt sich der unermeßliche Einfallsreichtum unseres Geistes zum Ausdruck. Durch die Kreativität kann sich unser höheres Bewußtsein gestaltend und intuitiv äußern. Es ordnet die Lebensvorgange und wirkt dadurch persönlichkeitsbildend. Wir werden selbständiger und bleiben den Ereignissen gegenüber gefaßter. Leider sind sowohl die Kreativität als auch die Intuition bei den meisten von uns verkümmert. In einem System, in dem nur der Logik Beachtung geschenkt wird, ist dies kein Wunder. Jeder von Ihnen kann jedoch mit etwas Geduld seine schlummernden kreativen Fähigkeiten wieder wecken.

In der Silva Methode machen wir einen Unterschied zwischen Vorstellungskraft und Kreativität.

Schließen Sie die Augen und stellen Sie sich eine Chayota vor. Ich höre Sie fragen: Eine was? Ganz einfach, eine Chayota. Ich nehme Ihnen die Mühe des Nachdenkens. Eine Chayota ist ein tropisches Gemüse. Sie ähnelt in Größe und Farbe einem Kohlrabi, ist außen aber stachelig. Vor dem Kochen muß man sie schälen. Im Geschmack ist sie etwas feiner als ein Kohlrabi.

Wir leben in einer Welt von Formen. Diese Formen präsentieren sich uns als Bilder, und diesen Bildern haben wir Namen gegeben. Wir orientieren uns dank dieser Bilder. Wenn wir irgendwann einmal über unsere fünf Kanäle der Wahrnehmung gespeichert haben, wie eine bestimmte Form aussieht und wie sie heißt, erscheint bei der Erwähnung des Namens sofort dieses Bild. Wir können es uns vorstellen und kennen seine Bedeutung.

Wenn ich Sie nun bitte, sich mit geschlossenen Augen eine Orange vorzustellen, dann bedeutet das für niemanden eine besondere Schwierigkeit. Ich gehe davon aus, daß Sie alle, und zwar wahrscheinlich schon unzählige Male, eine Orange in der Hand hielten. Sie kennen ihre Form und Farbe, ihren Geruch und Geschmack. Vor Ihrem inneren Auge wird sofort das Bild einer Orange auftauchen. Um unsere etwas träge gewordene Kreativität anzuregen, sollten wir zunächst unsere Vorstellungskraft oder Imagination (Ein-bildung) fördern.

Vorstellungskraft oder Imagination heißt: Wir arbeiten mit Bildformen, die wir kennen und erinnern.

Kreativität heißt: Wir nehmen uns bekannte Dinge und kombinieren sie mit neuen Elementen.

Bei den folgenden Übungen werden Sie feststellen, wie vieles uns umgibt, was wir tagtäglich sehen, und wie wenig uns davon manchmal wirklich bewußt wird.

Schließen Sie Ihre Augen und gehen Sie mit der Methode 10 zu 1 auf die Grundstufe 1. Verweilen Sie einige Momente an Ihrem idealen Entspannungsort. Projizieren Sie sich im Geist in die Mitte Ihres Wohnzimmers. Wählen Sie eine Wand aus, auf der sich nicht zu viele Fenster befinden. Während Sie gedanklich in der Mitte des Zimmers stehen bleiben, beobachten Sie diese Wand. Lesen Sie sie sozusagen ab, so, als würden Sie ein Buch lesen. Beginnen sie oben links in der Ecke und gehen Sie langsam nach rechts. Blicken Sie etwas tiefer und gehen Sie gedanklich wieder nach rechts. Jedesmal ein Stückchen tiefer und stets von links nach rechts, bis zum Boden. Überlegen Sie genau, an was Sie sich erinnern. Hat Ihre Wand eine Tapete, und wie ist das Muster? Wie sind die Farben? Ist die Wand gestrichen? In welchem Ton? Hängen dort Bilder oder nicht? Gibt es andere Verzierungen? Befindet sich irgendwo ein Fenster? Wie sehen die Vorhänge aus? Gibt es ein Bücherregal oder andere Möbelstücke, die unmittelbar davor stehen? Achten Sie besonders auf Farben. Vielleicht bemerken Sie, daß Sie an manchen Stellen gedanklich hängenbleiben. Ihre Aufmerksamkeit hängt fest. Sollte dies der Fall sein, gehen Sie nochmals sehr bewußt auf diese Stelle zu und fragen sich: Warum bleibe ich hier hängen? Vielleicht ist hier irgend etwas, was Ihnen noch nie richtig bewußt wurde. Ein Fleck? Ein etwas schief hängendes Bild? Ein herausrutschendes Buch? Ein Kratzer auf dem Schrank? Merken Sie, wie viele Tatsachen nicht in Ihr Bewußtsein gedrungen sind? Machen Sie langsam so weiter. Wenn Sie beim Boden angelangt sind, nähern Sie sich gedanklich der Wand, bis sie in Ihrer Reichweite ist. Falls Möbel davorstehen, rücken Sie sie gedanklich weg. Strecken Sie nun eine Hand aus und berühren Sie in Gedanken mit der Innenfläche der Hand die Wand. Ist sie rauh oder glatt? Kalt oder warm? Machen Sie tatsächlich in der Entspannung die Handbewegung des Berührens. Das ist wichtig. Vor allem in nördlichen Ländern wurde uns etwas sehr Wesentliches aberzogen: die Gestik. In der Gestik liegt jedoch ein Aspekt der menschlichen Kreativität. Vermittels der Gestik ziehen wir unsere Gedanken klarer in die Materie. Wir er-fassen Details. Wir haben Millionen von Informationen über das Tastgefühl gespeichert. Wir können vom Gefühl her Plastik von Wolle, Metall oder Seide unterscheiden.

Immer dann, wenn Ihre Vorstellungskraft nicht deutlich ist und Sie tatsächliche Handbewegungen mitmachen, werden viele dieser gespeicherten Informationen wieder in die Erinnerung zurückgerufen. Denken Sie daran: Die Silva Methode ist eine aktive, eine dynamische Entspannung. Wir gehen in der leichten Entspannung in die Bewegung mit Gedanken und Händen, um zu Informationen zu gelangen. Befürchten Sie, daß die Bewegung Sie aus der Grundstufe herausbringt? Vielleicht geschieht dies auch bei den ersten beiden Übungen dieser Art. Sehr schnell werden Sie sich aber daran gewöhnen und erkennen, wie wesentlich Handbewegungen bei der Überprüfung auf richtige Wahrnehmungen sind.

Nähern Sie sich dieser Wand weiter, bis Sie dicht davor stehen. Überlegen Sie sich, aus welchem Material sie besteht. Falls Sie Ihr Haus selbst gebaut haben und eine logische Kenntnis besitzen, spielt das keine Rolle. Logische Kenntnisse hindern nicht daran, zu weiteren Informationen zu kommen. Schicken Sie jetzt Ihre inneren Sinne auf eine Reise in die Wand hinein. Projizieren Sie sich im Geist in die Wand. Eventuell möchte Ihre Logik Sie daran hindern und sagt Ihnen: Na, so etwas Blödes. Das ist doch unbelebte Materie. Was soll ich da? Ihr inneres Bewußtsein ist neugierig, wissensdurstig und kreativ. Es möchte unbedingt in die Wand hinein. Ermöglichen Sie es ihm mit Hilfe Ihrer Phantasie und Logik. Sie wissen, daß diese Wand aus Elementarteilchen, Atomen und Molekülen besteht. Machen Sie sich selbst zum Elementarteilchen. Geben Sie sich eine Wunderspritze, und werden Sie winzig. Dann beginnt die Wand zu einem riesigen Universum zu werden, in dem Schwingungen, Licht, Temperatur und ein Geruch vorhanden sind. Prüfen Sie die verschiedenen Eindrücke. Wie riecht es? Welche Farbe hat das Licht? Gibt es einen Unterschied zwischen der Temperatur innerhalb und außerhalb der Wand? Klopfen Sie von innen an die Wand an. Machen Sie die Handbewegung des Klopfens mit. Wie tönt oder schallt es? Ist die Qualität des Materials gut, mittelmäßig oder schlecht? Achten Sie auf Ihren ersten Eindruck. Kommen Sie aus der Wand wieder heraus. Entfernen Sie sich im Geist von der Wand. Machen Sie sich bewußt, wo Sie sich während der ganzen Übung in der Entspannung aufhielten. Sitzen, stehen oder liegen Sie? Reiben Sie mit den Fingern die Stelle über Ihrer Nasenwurzel. Kommen Sie aus der Grundstufe 1 heraus, indem Sie von 1 bis 5 zählen.

Eine Kurswiederholerin erzählte: »Als ich mich bei meinem ersten Seminar in die Wand hineindachte, erschien sie mir wie eine sehr feuchte, waschküchenwarme Tropfsteinhöhle. Während der Übung dachte ich noch: Wie albern, meine Wand ist doch trocken. Am Abend prüfte ich es zu Hause nach und berührte sie an verschiedenen Stellen. Wie erwartet war sie restlos trocken. Wenige Tage danach erschienen erst auf der linken Seite, dann dicht unter der Decke mehrere feuchte Flecken. Der

Klempner mußte die Wand aufbrechen und fand eine undicht gewordene Warmwasserleitung, die von dort zum Bad führte.«

Diese und ähnliche Übungen trainieren auf der Äußeren Bewußtseinsstufe die Genauigkeit Ihrer Wahrnehmungen und auf der Inneren Bewußtseinsstufe Ihre Vorstellungskraft und Erinnerung. Sie können die Übung beim nächstenmal etwas verändern.

Denken Sie sich alles, was vor der Wand steht oder an der Wand hängt, weg. Suchen Sie sich ein Bild aus Ihrer Wohnung aus. Hängen Sie es in Gedanken an die leere Wand. Beobachten sie es. Wechseln Sie danach die Farbe Ihrer Wand. Malen Sie sie in Gedanken rot. Beobachten Sie wieder das Bild und überlegen Sie sich, ob es Ihnen vor einem roten Hintergrund gefallen würde. Malen Sie danach Ihre Wand grün, dann blau, gelb und schwarz an. Vergleichen Sie Ihre Eindrücke.

Projizieren Sie sich im Geist noch ein Stück weiter weg. Zum Beispiel zu Ihrer Arbeitsstätte. In welchem Gebäude arbeiten Sie? Stellen Sie sich vor, in etwa zehn Meter Entfernung vor dem Haus zu stehen. Beobachten Sie die Fassade. Lesen Sie sie ab, indem Sie, oben beginnend, wieder langsam von links nach rechts gehen, jedesmal ein Stückchen tiefer, bis Sie unten angelangt sind.

»Ich hatte mich zum Haus meiner Freunde projiziert. Sie wohnen im zweiten Stock. Als ich zu ihrem Balkon kam, fiel mir plötzlich auf, daß die Kurbel des Sonnendachs verbogen war und das Dach außerdem einen Riß aufwies. Bei meinem nächsten Besuch überprüfte ich meine Wahrnehmung, und es stimmte. Diese Erfahrung zeigte mir, daß auf der Grundstufe Dinge bewußt werden, die uns im Wachbewußtsein manchmal entgehen. Oftmals sind es aber gerade wesentliche Mängel, die wir übersehen und die, wenn sie bewußt wurden, zur Problemlösung führen.«

Der folgende Kursteilnehmer zog Schlüsse aus seinen Erfahrungen: »Ich bin Textilkaufmann und habe sehr viele Verträge abzuschließen. Von Anfang an haben mich diese Übungen besonders fasziniert. Meine Beobachtungsgabe ist durch sie merklich schärfer geworden. Ich habe mir angewöhnt, auf der Grundstufe jeden Vertrag gedanklich nochmals durchzugehen. Sehr oft wurde ich gerade an den Stellen stutzig, wo ich eine Denkblockade im Wachbewußtsein gehabt hatte, bemerkte Ungenauigkeiten und konnte sie beheben.«

Wie unbewußt wir manchmal durch das Leben laufen, ging mir erst auf durch einige Erlebnisse von Kursteilnehmern, zum Beispiel durch die lustige Erfahrung einer Münchnerin: »Wir haben eine sehr kleine Wohnung. Um einen Eindruck von mehr Weite zu schaffen, hatte ich vor über einem Jahr alle Türen ausgehängt. Vor kurzem hatten wir eine Woche mit Unwettern und viel Sturm. Eines Abends saß mein Mann im Wohnzimmer und sagte ganz verwundert: ›Es zieht ja hier wie Hechtsuppe, sag mal, wo sind denn eigentlich unsere Türen?‹ Während der ganzen Monate hatte er nicht bemerkt, daß wir außer beim Bad keine Türen in der Wohnung haben.«

Oder die andere Geschichte eines Abteilungsleiters: »Wir mußten in der Firma mehrere Monate lang auf die Faxleitung warten. Als wir sie endlich erhielten, war meine Sekretärin in Urlaub. Wir installierten das Fax im Flur. Als sie zurückkam, brauchte sie mehrere Tage, bis sie bemerkte, daß wir ein Fax hatten. Dabei lief sie ständig durch den Flur, wo es vom ersten Tag an beinah ununterbrochen funktionierte und piepste.«

Wenn wir in der Entspannung unsere Vorstellungskraft trainieren, steigern wir unsere Beobachtungsgabe und stärken gleichzeitig unser Langzeitgedächtnis, das über Jahre anhält, während das Kurzzeitgedächtnis nur sekunden- oder minutenlang Vorgänge behält.

Unsere Datenbank im Gehirn, in der Milliarden von Speicherungen abrufbar bereit liegen, will benutzt werden. Vernachlässigen wir sie, dann wird der Zugang zu ihr immer schwieriger.

Trainieren Sie also so oft Sie Zeit finden. Visualisieren Sie Gegenstände, die Ihnen lieb sind. Eine seltene Vase, eine Porzellanfigur, einen bequemen Sessel, aber auch Objekte der belebten Materie, Ihr Haustier oder die Katze von Freunden. Die Stechpalme im Wohnzimmer, eine Rose aus dem Garten, Ihren Apfelbaum. Wenn Sie auf der Grundstufe geradeaus sehen, dann haben Sie Ihre horizontale Sichtebene vor sich. Heben Sie beim Visualisieren die Objekte gedanklich etwas hoch, so daß Sie beim Beobachten Ihre Augen leicht nach oben wenden, etwa zwanzig Grad über der horizontalen Sichtlinie. Dann funktioniert es besser.

Sie schaffen mit diesen Übungen die ideale Vorbedingung, um kreativer denken zu lernen.

Auf der Äußeren Bewußtseinsstufe haben wir über unsere äußeren Sinne von klein auf Formen, die uns umgeben, als Bilder gespeichert. Diese Bilder hatten Namen. Wir beziehen uns auf diese Bilder mit einem Namen, um uns im Leben orientieren zu können, und zwar auf den verschiedensten Gebieten. Sie sind zu unseren Bezugspunkten geworden. Unsere Datenbank enthält Milliarden solcher Bezugspunkte. Die wichtigsten Bezugspunkte haben wir gleich im ersten Schuljahr erlernt, nämlich das ABC. Wir prägten uns ein, wie die einzelnen Buchstaben aussehen, wie sie heißen und wie sie geschrieben werden. Wir lernten, aus Buchstaben ein Wort zu bilden. Wenn wir Worte mit anderen Worten zusammenfügten, ergab es einen Satz. Wir lernten Sätze mit anderen Sätzen zu verbinden, so daß es einen zusammenhängenden Text ergab. Wir lernten, uns selbst über die Schrift auszudrücken, und wir haben über das Lesen Tausende von weiteren Bezugspunkten gespeichert. Wir formten Bezugspunkte in der unbelebten und der belebten Materie, in der Mathematik, Physik, Geographie und so fort. Wir bildeten Bezugspunkte in Spezialgebieten während unseres beruflichen Werdegangs. Alle möglichen Bezugspunkte kommen tagtäglich neu hinzu. Wenn es nicht so wäre, könnten wir uns nach und nach im Leben nicht mehr orientieren. Bezugspunkte sind oftmals identisch mit denen anderer Menschen und manchmal auch sehr verschieden. Wenn Sie in ein Ihnen unbekanntes Stadtviertel ziehen, müssen Sie laufend neue Bezugspunkte bilden, um sich zurechtzufinden. Der nächste Supermarkt liegt die erste Straße rechts (erster Bezugspunkt) um die Ecke. Dann müssen Sie die Straße überqueren und bis zur Ampel gehen (zweiter Bezugspunkt). Nach der Ampel die zweite Querstraße links einschlagen (dritter Bezugspunkt). Im gelben Haus auf der linken Seite (letzter Bezugspunkt) finden Sie dann Ihren Laden. Logischerweise werden für andere Bewohner des Viertels die Bezugspunkte, um zu diesem Supermarkt zu kommen, anders aussehen.

Leider wurde versäumt, uns beizubringen, über die inneren Sinne zu Informationen zu kommen und somit innere Bezugspunkte zu speichern. Indem Sie die vorher erwähnten und nun folgenden Übungen ausführen, können Sie das nachholen. Sie lernen dadurch, Ihre Informationsquelle zu erweitern und Probleme besser zu lösen.

Viele Probleme, die wir in Vorhaben umwandeln wollen, sind abstrakterer Natur. Es besteht dann jeweils die Gefahr, daß wir in der Entspannung unseren Denkprozeß nicht nachvollziehen können, weil unsere Gedanken immer wieder abdriften. Sie galoppieren davon – wir kommen ins Tagträumen. Warum passiert das?

Wir haben meist in solchen Augenblicken keine Bilder zur Verfügung, anhand derer wir uns orientieren und auf unser Thema konzentrieren können. Um das zukünftig zu vermeiden, werden Sie sich bildhaft einen inneren Arbeitsraum mit allem nötigen Zubehör erschaffen, den Sie immer dann benutzen, wenn Sie in einer konzentrativen Entspannung aktiv sein und zu Informationen gelangen möchten. Sie verlagern das materiell Bildhafte der Äußeren Bewußtseinsstufe auf das imaginativ Bildhafte der Inneren Bewußtseinsstufe. Damit bringen Sie sich wieder auf den Boden des Gewohnten, aber befinden sich in einer Dimension, in der Ihrem kreativen Denken keine Grenzen gesetzt sind.

José Silva nannte diesen Raum: **das Laboratorium.**

Wahrscheinlich erweckt der Name bei Ihnen die Vorstellung eines sterilen, eher kühl gekachelten Raums. Gerade so sollte Ihr Laboratorium nicht aussehen. Es sollte ein gemütlicher, wunderschöner Traumraum werden, in dem Sie sich restlos wohl fühlen und mit positiver Energie aufladen können. Er sollte sich irgendwo hier auf unserer Erde befinden. Die meisten unserer Probleme haben mit dem Hier und Jetzt zu tun und nicht mit einem fernen Stern. Bauen Sie diesen Raum dort, wo es Ihnen gefallen würde. Vielleicht in einem südlichen Land? Oder auf einer kleinen Insel? Sie können ihn in ein Urwaldgebiet oder in die Wüste, auf einen hohen Berg oder ans Meer stellen. Sie können an den Nordpol oder zum Ganges ziehen. Sie können aber auch in dem Gebiet bleiben, das Ihnen vertraut ist und in dem Sie wohnen. Jeder von Ihnen kennt Räume. Sie besitzen unter Umständen ein sehr schönes Zuhause mit schönen Räumen. Trotzdem können Sie bei der Erschaffung Ihres Traumraums neue kreative Elemente hinzufügen. Nehmen Sie Materialien, die rar geworden sind, oder erfinden Sie neue Materialien, die es überhaupt noch nicht gibt. Geben Sie dem Raum eine ungewohnte Form. Er kann groß oder klein, rund oder viereckig, lang und schmal wie ein Kubus oder ein Tempel werden.

Unser Raum wird nicht kahl und leer bleiben. Um sich wohl zu fühlen, erschaffen Sie:

- einen bequemen Sessel mit Armlehnen;
- einen Schreibtisch;
- eine Uhr;
- einen immerwährenden Kalender, der Ihnen das Jahr, den Monat und das Datum anzeigt;
- zwei verschiedene Archive. Das erste wird sämtliche Informationen enthalten, um Probleme zu lösen, die mit Männern

zu tun haben. Das zweite wird sämtliche Informationen enthalten, um Probleme zu lösen, die mit Frauen zu tun haben. Denken Sie daran, daß der Zeitbegriff auf der Inneren Bewußtseinsstufe dehnbar ist. Vergangenheit, Gegenwart und Zukunft fließen ineinander über. Daher enthalten beide Archive Informationen über Probleme der Vergangenheit, der Gegenwart und der Zukunft;

- Instrumente und Ausrüstungen der Gegenwart, der Vergangenheit und der Zukunft;
- Medikamente der Gegenwart, der Vergangenheit und der Zukunft.

Lassen Sie bei der Erschaffung nichts von der Einrichtung aus. Mit diesem Zubehör werden Sie lernen, auf der Inneren Bewußtseinsstufe Ihre Gedanken bewußt in die Richtung zu lenken, in der Sie sie haben möchten.

Wenn Sie alles erschaffen haben, sehen Sie sich um und wählen dann eine Wand aus, auf der Sie einen großen Bildschirm unterbringen können. Sie werden ihn benutzen, um ganze Szenen, mehrere Personen oder eine einzige, viele oder eine einzige Sache darauf zu projizieren. Dadurch werden Ihre Gedanken klarer und greifbarer. Sie können sie in die Zukunft oder Vergangenheit schicken oder auch in der Gegenwart lassen.

Um die kreative Bewußtseinsstufe zu erreichen, auf der Sie Ihr Laboratorium erschaffen, wenden Sie eine andere Zähltechnik an:

Gehen Sie auf die Grundstufe 1 mit der Methode 10 zu 1. Verweilen Sie einige Momente an Ihrem idealen Entspannungsort. Zählen Sie nun noch einmal von 5 bis 1 herunter. Sie befinden sich in Ihrer kreativen Dimension. Erschaffen Sie Ihr Laboratorium.

Um herauszukommen, zählen Sie von 1 bis 5. Sie befinden sich wieder auf der Grundstufe, und nun zählen Sie von 1 bis 10. Sie befinden sich im Wachbewußtsein. Sagen Sie sich: »Ich bin hellwach und zufrieden.«

Die dreizehnjährige Renate malte und beschrieb ihr Laboratorium: »Ich pflückte in Gedanken eine rosafarbene Rose aus dem Garten und berührte sie mit einem Zauberstab, so daß sie ewig frisch bleibt. In der Blüte befindet sich mein Laboratorium. Um die Blütenblätter herum gibt es einen Wandelgang, der zum Kelch führt. Ich habe mir einen fliegenden Sessel erschaffen und einen Schreibtisch aus Juwelen. Mein männliches Archiv ist ein sprechender Rabe, mein weibliches eine sprechende Taube. Sie wissen über alles Bescheid und reden mit mir. Eine Uhr und einen Kalender brauchte ich nicht. Mein Rabe und meine Taube geben mir Auskünfte. Außer einem silbernen Zauberstab besitze ich keine Geräte. Meine Medikamente sind die Tautropfen. Sie heilen alles. Eines der Blütenblätter ist mein Bildschirm.«

Gerhard K., ein dreißigjähriger Architekt: »Mein Laboratorium steht auf einem Felsen in den Dolomiten. Ich habe von dort einen Überblick über Berge und Täler. Ich habe ein Material erfunden, das fließende Formen schafft, daher hat der Raum ein eigenartiges, spiralförmiges Aussehen mit einer schwingenden durchsichtigen Kuppel. Ich kann durch sie den Sternenhimmel betrachten. Die Einrichtungsgegenstände habe ich aus dem gleichen fließenden Material gegossen. Es gibt keinerlei Ecken in meinem Raum. Meine Archive habe ich in einem ovalen Computer mit dreidimensionalem Bildschirm untergebracht. Mein Sessel ist ganz eigenartig. Auf Knopfdruck bewegt er sich dorthin, wo ich ihn haben möchte. Zeichenmaterial war mir wichtig. Ich habe einen Stift erfunden, der meine Gedanken wie magnetische Impulse zu Papier bringt. Meine Medikamente befinden sich in einer universellen Wissensschublade. Ich werde immer das finden, was ich gerade brauche.«

Harald, ein dreiundzwanzigjähriger Biologiestudent: »Ich liebe die Natur und bin gern allein. Dabei muß ich zur Zeit in einer Wohngemeinschaft leben, in der eine ständige Hektik herrscht. Früher hat mich das manchmal ganz meschugge gemacht. Mein Laboratorium ist eine sehr gemütliche Höhle in einem tiefen Wald. In meiner Höhle gibt es einen Kamin, in dem immer ein wärmendes Feuer brennt. Ich habe bequeme alte Eichenmöbel. Eine ganze Wand ist mit Regalen ausgestattet, auf denen homöopathische Mittel stehen. Die Uhr und der Kalender hängen am Felsen. Meine Archive sind richtige Karteikarten. Wenn ich studieren muß, begebe ich mich in mein Laboratorium und wende dort die Lerntechnik an. Schwierige Aufgaben projiziere ich auf den Bildschirm. Seitdem kann ich mich besser konzentrieren und bringe in manche Gedankengänge mehr Klarheit hinein.«

Helga M.: »Momentan bin ich eine sogenannte ›Nur-Hausfrau‹. Ich habe drei kleine Kinder im Alter von eins bis fünf. Früher war ich in der Werbung sehr kreativ tätig. Häufig bin ich jetzt voller Frust. Kochen, putzen, Wäsche waschen, Kinder versorgen. Das Laboratorium dient mir als Ausgleich. Es ist ein Rokokoschloßsaal. Unglaublich hell und schön. Eine Spiegelwand ist mein Bildschirm. Zwei Lakaien halten die Archive in ihren Händen und suchen mir die Informationen heraus. Eine alte Kräuterhexe holt aus ihrem Beutel das Kraut heraus, das heilende Wirkung hat. Ich habe eine Sanduhr, und die Kräuterfrau weiß über Daten Bescheid. Ich bearbeite alle meine Probleme im Laboratorium. Ich bin dort auch kreativ tätig, male, schreibe und finde Abstand zum ermüdenden Alltag.«

Ein bekannter Politiker: »Jeden Abend vor dem Einschlafen gehe ich in mein Laboratorium und bearbeite die Tagesprobleme. Mein Labor ist eine strenge Klosterzelle. Da sind nackte Wände, an einer Wand ein Kreuz. Mein Beruf ist meine Aufgabe, die ich so gut wie möglich verrichten will, daher habe ich alles kärglich gehalten. Ein einfacher Holztisch, ein Hocker. Ich möchte, daß mich nichts ablenkt. Auf den Bildschirm projiziere ich in erster Linie Vorgänge, die ich nicht klar beurteilen kann. Meist geht mir dabei ein Licht auf, und ich weiß, welche Maßnahmen ich ergreifen muß. Mit den Archiven arbeite ich ständig. Sie vermitteln mir Aufschluß über Ursachen von

Konflikten, indem ich die Information aus der Vergangenheit erhalte.«

Irina B.: »Erst in meinem Labor ging mir zum erstenmal wirklich auf, wie sehr ich meiner Familie und meinem Freund mit meiner Unpünktlichkeit auf den Geist gehe und wie viele Sorgen sie sich manchmal machten wegen meiner stundenlangen Verspätungen. Ich habe mir eine riesige Uhr mit Zeigern erschaffen, programmiere jedes Treffen und bin diesbezüglich pünktlicher geworden.«

Benutzen Sie Ihr Laboratorium regelmäßig. Jeden Tag mindestens fünf Minuten. Es wird mit jeder Entspannung deutlicher und vertrauter werden. Verändern Sie Dinge, die Ihnen nicht passen. Bringen Sie zusätzliche Elemente der Verschönerung hinein: Licht, Pflanzen, Bilder, Musik. Nach und nach möchten Sie es nicht mehr missen.

Die Begriffe Yin und Yang, weiblich und männlich, beziehen sich nicht nur auf die verschiedenen Geschlechter. Es sind Urprinzipien, die als komplementäre Gegensätze im Universum enthalten sind. Sie weisen bestimmte Charakteristiken auf. **Yin**, das Weibliche, ist weich, fließend, empfangend, melancholisch, sanft, dunkel, hebend-hingebend, stehendes Wasser, Mond, Nacht, Tod, Fruchtbarkeit, das sich langsam Wandelnde, verlockend, passiv, lieblich, Ruhe, Wärme, rechte Hirnhemisphäre.

Yang, das Männliche, ist hart, hell, Tag, Sonne, Berg, aktiv, laut, handeln, fordern, Wille, Leben, reißender Fluß, schnelle Wandlung, Urteilsvermögen, dominierend, abgebend, sich manifestierende Freude, kalt, scharf, linke Hirnhemisphäre.

Diese Prinzipien wirken in unserer gesamten Materie, in allem, was uns umgibt: in Landschaften, in der Architektur, in den Wissenschaften, im Menschen selbst. Sie sind scheinbare Gegensätze, gehören jedoch als Ganzheit zusammen. Sie vervollständigen sich, wie es das Yin-Yang-Symbol zeigt, mit ihren beiden ineinanderfließenden Wellenlinien zum Kreis.

Wir sind nie nur männlich oder nur weiblich. In jedem Mann stecken weibliche, in jeder Frau männliche Eigenschaften. Auch in uns selbst sollten wir im Laufe unseres Lebens diese Einheit der beiden in uns enthaltenen Prinzipien herstellen. Das geschieht nur, indem wir uns bewußt mit diesem Gegenpol in uns und im anderen auseinandersetzen.

Gelegenheiten dazu gibt es genug. Wir haben ständig mit uns selbst zu tun und mit anderen. Wir haben unzählige Probleme mit uns selbst und mit anderen, und zwar mit Männern und mit Frauen. Unser Verhalten reagiert bei manchen Konfliktsituationen mit recht eigenartigen Interpretationen. Wir kapseln und lehnen uns oft selbst ab. Genausooft verschließen wir uns einem anderen Menschen. In solchen Phasen haben wir teilweise weder einen Zugang zu uns noch zum anderen. Wir stehen uns hilflos und fremd gegenüber und verstehen die Welt nicht mehr. In diesen Momenten sollte uns jemand Vertrauenswürdiger zur Verfügung stehen, dem wir unsere ganzen verletzten Gefühle und unser Unvermögen mitteilen könnten. Aber gerade dann ist jedoch meist weit und breit niemand Geeigneter in Sicht.

Auf der Äußeren Bewußtseinsstufe bilden wir die Bezugspunkte eines Menschen über sein Aussehen, das heißt seine Gestalt. Diese Gestalt speichern wir als Bild mit einem Namen. Mit hellen oder dunklen Augen, blonden, roten, grauen, weißen, dunklen Haaren oder kahlköpfig. Groß, klein, mittelgroß, füllig, schlank, mager.

Wenn ich Sie nach Ihrer/em besten Freundin/Freund frage, können Sie mir die/den Betreffende/n mühelos sofort beschreiben, und zwar so, daß auch in mir ein ungefähres Bild dieses Menschen entsteht.

In der nächsten Übung werden Sie auf der Inneren, der kreativen Bewußtseinsstufe eine entsprechende der Äußeren herstellen. Sie werden sich zwei Gestalten in menschlicher Form imaginativ erschaffen – einen Mann und eine Frau, denen Sie uneingeschränktes Vertrauen entgegenbringen können. Mit ihnen können Sie alles Sie Belastende besprechen, um sich Klarheit über sich selbst und andere zu verschaffen.

José Silva nannte diesen Mann und diese Frau: **die Ratgeber.**

Die Ratgeber werden weitere praktische Werkzeuge in Ihrem Laboratorium sein. Sie stellen sozusagen die telefonische Verbindung zu Ihrem eigenen Innern und gleichzeitig die Verbindung zur Äußeren Bewußtseinsstufe her. Sie sollten sympathisch und liebenswert sein, kurz so, daß Sie sich restlos wohl mit ihnen fühlen. Sie können durchaus lebende Menschen als Vorbilder nehmen, zum Beispiel Angehörige oder Freunde. Sie können auch lebende Menschen wählen, die Sie nicht persönlich kennen, die Ihnen jedoch irgendwie imponieren. Sie können sie nach eigenen Wunschvorstellungen aus Ihrer Phantasie heraus gestalten. Geben Sie ihnen das Aussehen und die Charakteristika, die Sie sich wünschen. Es können Persönlichkeiten vergangener Zeiten sein oder auch Menschen, die Ihnen lieb waren und bereits verstorben sind, mit einer Einschränkung: Bedenken Sie, daß Ihr Laboratorium ein Ort der positiven Kraft ist. Falls Sie Ihre Trauerarbeit über den Verlust eines geliebten Menschen noch nicht abgeschlossen haben, dann erschaffen Sie sich nicht gerade diesen Menschen, sondern jemanden, der Ihnen bei dieser Trauerarbeit tröstend zur Seite stehen kann. Wenn es mit Ihrem Denken in Einklang zu bringen ist, können Sie sich jemanden aussuchen, der Ihren Glaubensvorstellungen entspricht. Künstler haben Jesus, die Muttergottes, die Heiligen häufig bildhaft dargestellt. Tun Sie es aber nur dann, wenn Sie wirklich alles mit ihnen besprechen können, auch Banales, das häufig so zermürbend wirkt. Sie sollten sich nicht vor Ehrfurcht gehemmt fühlen. Überlegen Sie gründlich, wen Sie sich erschaffen möchten, denn Ihre Ratgeber werden für Sie letztlich das sein, was Sie in ihnen sehen möchten. Befürchten Sie, daß Lebende oder Verstorbene spüren könnten, daß sie Ihre Ratgeber sind? Die Komplexität eines Menschen hindert uns, ihn in seiner einmaligen Ganzheit erfassen zu können. Instinktiv werden

Sie Vorbilder mit bestimmten Eigenschaften wählen, durch die Sie reifen und sich weiterentwickeln können.

Wenn wir in unserem Seminar zu dieser Übung kommen, haben die Teilnehmer bereits eine stattliche Anzahl von Stunden in der konzentrativen Entspannung hinter sich. Sie haben die Techniken angewendet, ihre Imagination und Kreativität herausgearbeitet. Sie sind vorbereitet. Sie sollen deshalb die nächste Übung erst dann nachvollziehen, wenn Sie alle bisher erwähnten Schritte – und zwar mehrmals – gegangen sind.

Setzen Sie sich bequem hin, schließen Sie die Augen. Gehen Sie mit der Methode 10 zu 1 auf die Grundstufe 1. Verweilen Sie einige Momente an ihrem idealen Entspannungsort. Zählen Sie dann nochmals von 5 bis 1 abwärts. Betreten Sie Ihr Laboratorium. Sehen Sie sich dort um und registrieren Sie, was Sie alles erschaffen haben. Lassen Sie sich Zeit dabei. Erschaffen Sie sich nun einen Aufzug mit einer Tür, die von oben nach unten in den Fußboden hineingleitet. Plazieren Sie in Gedanken den Sessel in Ihrem Laboratorium so, daß Sie von ihm aus die Tür dieses Abteils beobachten können. Setzen Sie sich in Gedanken in den Sessel. Bringen Sie an seinen Armlehnen Hebel an, die das Öffnen der Tür dieses Aufzugs steuern. Beginnen Sie nun, sehr langsam die Hebel zu betätigen, so daß die Tür sich zentimeterweise nach unten senkt. Erschaffen Sie Ihren Ratgeber. Fangen Sie bei den Haaren an, der Haarfarbe. Überlegen Sie sich, wie er gekämmt ist. Formen Sie nach und nach Stirn, Augenbrauen, Augen, Nase, Wangen, Lippen und Ohren. Betrachten Sie sein Gesicht. Entwerfen Sie nach und nach die Kleidung. Öffnen Sie die Tür weiter und weiter. Irgendwann haben Sie eine genaue Vorstellung von seinem Aussehen, der Größe und dem Gewicht. Dann ist die Tür ganz offen, und Ihr Ratgeber betritt sehr lebendig das Laboratorium. Begrüßen Sie ihn, nehmen Sie Kontakt mit ihm auf. Sie können ihm Fragen stellen. Er ist Ihr bester Freund.

Wenn Sie sich mit ihm unterhalten haben, setzen Sie sich wieder bequem in Ihren Sessel. Schließen Sie gedanklich die Tür des Abteils. Beginnen Sie wieder die Hebel, die das Öffnen der Tür steuern, zu betätigen, und erschaffen Sie auf die gleiche Weise Ihre Ratgeberin. Irgendwann werden Sie eine genaue Vorstellung von ihrem Aussehen haben, ihrer Größe und ihrem Gewicht. Wenn die Tür ganz offen ist, betritt Ihre Ratgeberin sehr lebendig das Laboratorium. Begrüßen Sie sie. Nehmen Sie Kontakt mit ihr auf. Sie können ihr Fragen stellen. Sie ist Ihre beste Freundin.

Unterhalten Sie sich mit beiden Ratgebern. Das Abteil können Sie verschwinden lassen.

Wahrscheinlich wird nur der Hellhörende tatsächliche Stimmen bei den Ratgebern vernehmen. Beim Sehenden oder Sensitiven werden die Antworten und Aussagen als innere Eindrücke und Ideen auftauchen.

Wahrscheinlich wird nur der Hellsehende oder Sehende seine Ratgeber tatsächlich so sehen, wie wir andere Menschen im Wachbewußtsein sehen. Der Sensitive und Hellhörende wird jedoch eine deutliche innere Vorstellung von ihnen haben.

Stellen Sie sich vor, daß Ihre Ratgeber wissen, wann Sie Ihr Laboratorium betreten. Sie werden von nun an dort auf Sie warten.

Verlassen Sie Ihr Laboratorium, wann immer Sie möchten. Verabschieden Sie sich von Ihren Ratgebern. Zählen Sie sich heraus von 1 bis 5 und 1 bis 10. Wenn Sie die Augen öffnen, sagen Sie sich im Geist: »Hellwach und zufrieden.«

Die dreizehnjährige Renate: »Ich habe den Zauberer Merlin und eine Märchenfee.«

Gerhard, der Architekt: »Der berühmte spanische Architekt Antonio Gaudi und meine Freundin Eva.«

Harald, der Biologiestudent: »Meine Großmutter, an der ich sehr hing, und einen alten weisen Bauern.«

Helga, die »Nur-Hausfrau«: »Meine Kräuterfrau ist gleichzeitig meine Ratgeberin, und der Mann sieht wie Mozart aus.«

Der Politiker: »Den heiligen Franziskus und Mutter Teresa.«

Irina: »Robert Redford und Marilyn Monroe, die sich übrigens bestens verstehen.«

Das Laboratorium und die Ratgeber entsprechen nicht nur Ihrer eigenen inneren Wirklichkeit, sondern reflektieren gleichzeitig anschaulich äußere Umstände, die Ihnen nicht wirklich bewußt waren. Sie weisen Möglichkeiten und Begabungen auf, die Sie vielleicht in sich nicht vermuteten. Hier finden Sie Schutz vor ungeordneten, Sie überflutenden Gedanken. Sie lernen zielgerichtet zu denken, klare Entschlüsse zu fassen. Hier dürfen Sie sich auch einmal gehenlassen und Ihrer Wut, Enttäuschung und miesen Stimmung Luft machen. Niemand wird Sie hier stören. Sie brauchen sich nicht zu rechtfertigen. Hier dürfen Sie Sie selbst sein, mit all Ihren Schatten- und Lichtseiten. Das Laboratorium ist Ihre Festung.

Erstellen Sie sich auf der Äußeren Bewußtseinsstufe einen Fragebogen über Ihr Laboratorium und die Ratgeber, um nachzuspüren, daß es hier nicht um irgendein Phantasiegeschehen geht, sondern daß in jedem hier enthaltenen Detail eine Aussage über Sie selbst steckt.

Ist Ihr Laboratorium groß oder sogar riesig? In Ihnen stecken Weite oder auch große Möglichkeiten.

Ist es zu klein? Wo engen Sie sich ein, oder in welcher einengenden Situation befinden Sie sich?

Ist der Raum hell? Es ist hell in Ihnen. Sie haben Hoffnung.

Ist der Raum dunkel? Hoffnungslosigkeit. Momentan sehen Sie nicht recht, wie es weitergehen soll. Ängste.

Hat der Raum Fenster? Bereitschaft zur Kommunikation.

Hat er eine Tür? Auch wenn sie verschlossen ist, läßt sie sich öffnen. Sie lassen auch einmal jemanden an sich herankommen.

Ist der Raum fenster- und türenlos? Sie sind übermäßig verschlossen. Andere haben es manchmal nicht leicht, an Sie heranzukommen.

Steht Ihr Labor fest auf dem Boden? Sie fühlen sich im Leben verwurzelt.

Ist es ein windiges Hüttchen? Sie sind oft verzagt und ängstlich.

Ist alles sehr unordentlich? Wahrscheinlich sollten Sie daran arbeiten, mehr Ordnung in Ihr Leben zu bringen. Oder vielleicht auch das Gegenteil: Sei nicht immer so penetrant ordentlich.

Fragen Sie sich bei den Ratgebern: Welche guten Eigenschaften besitzen sie, die mir fehlen? Was kann ich dazu tun, um sie in mir zu entwickeln? Zeigen sie mir manchmal nicht so gute Seiten auf, die ich vielleicht selbst besitze?

Können Sie beide Ratgeber gut erkennen? Sie haben einen guten Zugang zu sich selbst.

Ist der eigengeschlechtliche Ratgeber undeutlich? Wo hapert es in meiner eigenen Weiblichkeit bzw. Männlichkeit?

Ist der gegengeschlechtliche Ratgeber undeutlich? Warum haben Sie oft Schwierigkeiten in Ihrer Beziehung zum anderen Geschlecht?

Dieser Fragebogen soll Ihnen nur einige Denkanstöße liefern. Erarbeiten Sie nach und nach in Ihrem Laboratorium neue Erkenntnisse.

Dem Therapeuten, der selbst den Kurs absolvierte und dessen Patient ihn ebenfalls besuchte, bietet sich eine unerschöpfliche Quelle, um die Persönlichkeitsstruktur des Patienten deutlicher und schneller zu erkennen. Er führt große Teile der Therapie durch, während sich der Patient auf seiner Laboratoriumsstufe befindet. Er hilft, Verwandlungsmöglichkeiten durch Bilder ins Bewußtsein zu rücken, bis sie als innere Realität erlebt und dadurch später nach außen getragen werden können.

Viele Analytiker, die mit Psychotikern arbeiten, schützen sich vor den sich verströmenden Energien des Geisteskranken, indem sie sich während der Analyse in ihrem eigenen Laboratorium abschirmen. Nur hier, auf der imaginativen Stufe, wenn ihre Hirnströme langsamer arbeiten, können sie den Kontakt zum Kranken aufrechterhalten und – klar sehend – seine Wahnvorstellungen imaginieren. Kommen sie aus der tieferen Ebene heraus, verlieren sie ihre Kompetenz.

Zusammenfassung

- Wir sind die Architekten unserer Gedanken.
- Unterschied zwischen Vorstellungskraft und Kreativität.
- Übungen zur Stärkung der Vorstellungskraft.
- Handbewegungen verbessern die Wahrnehmung.
- Die kreative Bewußtseinsstufe.
- Erschaffung eines Laboratoriums.
- Neue Zähltechnik: 10 – 1 und 5 – 1.
- Herauskommen: 1 – 5 und 1 – 10.
- Die beiden Urprinzipien.
- Erschaffung der Ratgeber.
- Fragebogen.

Durch Krankheit heilen

Der Verlust unserer Lebensenergie führt zur Erkrankung. Was versteht man überhaupt unter Gesundheit? Vor einigen Jahren definierte es die Weltgesundheitsorganisation folgendermaßen: **Gesundheit ist ein Zustand völligen körperlichen, seelischen und sozialen Wohlbefindens.**

Fragen Sie sich von diesem Gesichtspunkt ausgehend: Sind Sie vollständig gesund? Befinden Sie sich, was diese drei Bereiche anbelangt, immer und jeden Tag im Gleichgewicht? Oder ist es nicht vielmehr so, daß es uns alle, und zwar täglich, mal hier und mal da zwackt? Sind wir nicht manchmal matt, haben Kopfweh, Bauchkneifen, einen schmerzhaften Nacken, ein Völlegefühl oder fühlen uns verstimmt, wütend, aggressiv? Gibt es nicht immer wieder Augenblicke, in denen wir uns ausgesprochen unwohl fühlen innerhalb einer menschlichen Beziehung oder einer Gruppe? Eigentlich sind wir selten vollständig gesund.

Gesund sein heißt: heil-sein, in-eins-sein mit uns, ganz-sein. Falle ich aus der Ganzheit heraus, bin ich un-eins mit mir, ich ver-zwei-fle. Meine Seele klopft mit einem Symptom bei mir an, um mir bewußt zu machen, welches Gefühl oder Problem, das ich verdränge, gerade etwas mehr Beachtung braucht. Jedes Symptom möchte daher eine Ursache signalisieren, der Sie auf den Grund gehen sollten. Wenn Sie Schnupfen und Halsweh haben und zu einem Schulmediziner mit diesen Symptomen gehen, wird für ihn die Ursache feststehen: Sie haben sich erkältet oder angesteckt, haben Bakterien oder einen Virus erwischt. Er wird die Funktionsstörung mit leichteren Medikamenten oder mit Antibiotika bekämpfen. Er ist jedoch an der Oberfläche der tatsächlichen Ursache hängengeblieben und hat übersehen, welches Problem bei Ihnen zu dieser spezifischen Erkrankung führte. Sie werden brav die verschiedenen Mittel schlucken, ohne daß Ihnen klar wurde, was Sie tatsächlich »verschnupfte« und Ihnen buchstäblich »im Hals« steckenblieb. Wahrscheinlich werden Sie so weiterwursteln wie bisher. Momentan verschwinden die Symptome. Sie sind zufrieden, wundern sich jedoch, wenn sie kurz danach noch mal auftauchen, oder wenn die Seele sich an einer anderen Stelle meldet.

Solange alles gut funktioniert, machen wir uns keine Gedanken darüber, welches komplizierte Zusammenspiel zwischen den Milliarden von Zellen in unserem Körper und unserem Geist notwendig ist, um unser gesundheitliches Wohlbefinden aufrechtzuerhalten. Wenn dann plötzlich ein Gesundheitsproblem auftaucht und die Untersuchung ergibt, daß es sich um eine ernstere Erkrankung handelt, sind die meisten Patienten schockiert. Lähmende Angst ist die Folge. Der Patient wird überflutet von negativen Vorstellungen. Er hat Angst vor Leiden, Schmerz, Sterben und Tod. Wenn der Arzt und die Familie in diesen Momenten nicht einfühlsam reagieren, wenn der Patient nicht frei über seine Gefühle sprechen kann und die Angst unterdrückt, verschlimmert sich der Zustand, die Immunität sinkt weiter, und der Krankheitsprozeß beschleunigt sich.

Der Betroffene braucht eine menschliche Beziehung zu seinem Arzt. Er muß Fragen stellen können und über sein Problem Bescheid wissen, und er kann sein zerrüttetes Selbstbewußtsein wieder herstellen, indem er lernt, mit seinen Emotionen, seiner Wut und Ohnmacht anders umzugehen. Dabei sollten ihm ein Psychologe oder Therapeut zur Seite stehen. Schließlich muß er verstehen, daß er selbst die Hauptverantwortung zu tragen hat.

Wir erkranken nur durch uns selbst. Infolgedessen heilen wir nur durch uns selbst.

Arzt, Therapeut und Familie können nur Hilfestellung geben – mehr nicht.

Allerdings sollte zumindest diese Hilfestellung vorhanden sein, was in unserem überspezialisierten, hochtechnisierten und bürokratisierten Antimenschlichkeitssystem nicht unbedingt der Fall ist. Der Arzt sieht den Menschen als Maschine und repariert. Er leistet oft »Fließbandarbeit«, ist völlig überfordert in den großen Krankenhäusern und übermüdet durch Schichtarbeit. Zeit für ein Gespräch mit dem Kranken ist nicht zu erübrigen. Davon abgesehen honorieren die Krankenversicherungen Gespräche, also menschliches Verhalten, unangemessen. In den seltensten Fällen besitzt der Arzt eine zusätzliche, wenn auch nur kurze therapeutische Ausbildung, in der er gelernt hätte, wie und in welcher Art er dem Patienten unangenehme Untersuchungsergebnisse mitteilt und ihn psychisch stützen kann. Dem Pflegepersonal im Krankenhaus geht es nicht besser. Durch jährlichen Stellenabbau muß es Überstunden leisten, dabei aber eine Riesenverantwortung tragen. Es ist abgehetzt, müde, steht unter Druck und versucht mehr schlecht als recht durchzuhalten. Psychologen und Therapeuten werden in den meisten Krankenhäusern als überflüssig angesehen; ihre Arbeit wird nicht anerkannt. Sie stumpfen ab und absolvieren gelangweilt Therapiestunden, anstatt zur entscheidenden Triebkraft zu werden und beim Patienten die Voraussetzung zur Heilung zu schaffen. Die Familienangehörigen sind ratlos. Selten werden sie in die Problematik mit einbezogen. Sie wissen nicht, wie sie sich verhalten sollen, verbergen ihre Sorgen hinter einer scheinbaren Teilnahmslosigkeit oder erdrücken den Kranken mit einem unangebrachten, bedrängenden Mitleid. Alle Beteiligten sind mit unserem System der Gesundheitsversorgung unzufrieden und fragen sich, wie man aus der Krise herausfinden kann. Das Opfer dieser unbefriedigenden Situation ist der psychisch und physisch angeschlagene Mensch.

In den siebziger Jahren gründete der Neurologe C. Norman

Shealy, ein Absolvent der Silva Methode, in den Staaten die Holistic Medical Association. Die ganzheitliche Medizin versucht die Geist-Körper-Seele-Einheit des Patienten wiederherzustellen. Der Patient lernt, die Verantwortung für seine Gesundung mitzutragen. Er lernt, die Zusammenhänge zwischen dem Konflikt und der gesundheitlichen Störung zu erkennen. Er wird die Krankheit bewußt als Möglichkeit zur Neuorientierung erleben. Es wird sein Ziel sein, sich durch die Krankheit weiterzuentwickeln, ein neues Verhältnis zu sich selbst und anderen zu finden, kurz – sein Verhalten künftig zu verändern.

Christina G. kam mit einer Depression zu mir in die Praxis: »Ich weiß gar nicht, was mit mir in letzter Zeit los ist, dauernd habe ich Nierenprobleme, war in den vergangenen Monaten dreimal im Krankenhaus. Koliken und Nierensteine. Dabei trinke ich nicht und ernähre mich gesund. Dazu diese ständige Niedergeschlagenheit. Eigentlich bin ich ein fröhlicher Mensch, lache gerne, habe gerne Freunde um mich. Aber jetzt kenne ich nur noch Angst, fliehe vor allen Menschen, schließe mich in meinen vier Wänden ein.«

Ich fragte Christina: »Was geht Ihnen denn so sehr an die Nieren?« Sie blickte erstaunt auf und begann plötzlich zu weinen. »Vor zwei Jahren habe ich meine Mutter bei mir aufgenommen. Sie konnte sich nicht mehr allein versorgen. Sie ist eine herzensgute Frau, aber irgendwie sind wir nie miteinander ausgekommen. Ich ahnte nicht, daß es so schlimm sein würde. Sie läuft mir auf Schritt und Tritt nach. Freunde kann ich nicht mehr einladen; dann sitzt sie dabei. Wenn ich ausgehe, wartet sie bis in die Morgenstunden im Sessel hockend und empfängt mich mit vorwurfsvollen Blicken und Worten. Ich fühle mich wie im Gefängnis.«

Ich fragte: »Haben Sie vor allem mit der linken Niere Probleme?«

Christina nickte. »Woher wissen Sie das?«

Ich erklärte ihr die Botschaft ihres gesundheitlichen Problems.

»Die rechte Hirnhälfte, in der unsere Gefühle, Emotionen, die Kreativität und die Intuition gespeichert sind, beeinflußt die linke Körperseite, während die linke Hirnhälfte, die logische, konstruktive und rationale, die rechte Körperseite beeinflußt. Sie sind, was Ihre Gefühle anbelangt, momentan wie versteinert. Ihre linke Niere zeigt es Ihnen deutlich, indem sie nämlich Steine produziert. Um im Seelischen und Körperlichen zu heilen, müssen Sie etwas an der Ursache verändern. Die Ursache liegt in der augenblicklichen Situation, so wie Sie und Ihre Mutter zusammenleben.«

Christina erklärte mir ausführlich, daß sie nichts an der Situation verändern könne. Sie hatte kein Geld und wollte davon abgesehen ihre Mutter nicht ins Heim geben. Ich erklärte mich bereit, mit der alten Dame zu reden. Sie war eine liebenswerte, geistig noch sehr rege Frau. Ich versuchte ihr nahezubringen, daß sie in die Mutterrolle zurückgefallen war und Christina wieder in die Kindrolle geschoben hatte, daß Christina jedoch ein Recht auf persönliche Freiheit als Erwachsene besaß. Auch die Mutter weinte: »So wie Sie mir alles erklären, verstehe ich, wie sehr ich sie einenge. Eigentlich wäre ich auch viel lieber eigenständig. Mein Augenlicht ist so schlecht geworden, daß ich mich nicht mehr allein zurechtfand in meiner Wohnung. Seit dem Tod meines Mannes bin ich vereinsamt. Freunde sind gestorben, und ich habe niemanden in meinem Alter, mit dem ich einen regelmäßigen Kontakt pflegen könnte. Das fehlt mir. Deshalb klammere ich mich an meine Tochter.«

Beide machte ich darauf aufmerksam, daß mit gutem Willen einiges zu verändern wäre. Wir fanden ein Tagesheim, in das die Mutter dreimal pro Woche fuhr. Dort fand sie Menschen ihres Alters und konnte ihre Sorgen und Freuden teilen. Sie versprach, ruhig zu Bett zu gehen, wenn Christina ausging, und bei vielen Einladungen blieb sie in ihrem Zimmer. Christina ließ ein Telefon im Zimmer ihrer Mutter installieren und schenkte ihr ein Radio und einen CD-Spieler. Beide hatten mehr Freiraum, kamen wesentlich besser miteinander aus, und Christinas Zustand verbesserte sich zusehends.

Die holistische Medizin bedeutet Teamwork. Arzt, Patient, Familie, Psychologe, Therapeut und unter Umständen der Seelsorger arbeiten gemeinsam daran, dem Patienten einen Zugang zu seinen ignorierten Gefühlen und Erfahrungen finden zu lassen, damit er seine Einstellungen und Lebensgewohnheiten verändern kann.

Unsere positiven oder negativen Gedanken und Gefühle beeinflussen die chemische Zusammensetzung innerhalb der Botenstoffe, die in den Endungen der Nervenzellen entstehen. Die Nervenzellen in unserer Schaltstelle, dem Gehirn, kommunizieren miteinander und leiten die empfangene Nachricht sofort an das ganze Nervensystem, an alle Organe, Muskeln und Drüsen weiter. Wenn wir daher über eine lange Zeit hindurch traurig, depressiv und angstvoll sind, wird der hormonale Aufbau unseres Immunsystems geschwächt, und wir sind Krankheiten gegenüber schutzlos ausgeliefert.

Negative Stimmungen können sogar latente Bakterien und Viren aktivieren. Wenn wir krank sind, müssen wir daran arbeiten, eine positive Einstellung zu entwickeln. Damit stärken wir die Antikörper in uns und sorgen dafür, daß die sogenannten T- oder Killerzellen sich vermehren und helfen, unser Immunsystem zu stärken. Sie werden die Ausbreitung von Zellen, die sich »asozial« verhalten wie die Krebszelle oder den Ausbruch einer Infektion verhindern.

Der Schlüssel, um Ihre Selbstheilungskräfte zu mobilisieren, liegt demnach in Ihrem Denken.

Der Strahlenonkologe O. Carl Simonton erkannte diese Tatsache bereits in seiner Studienzeit. Als er später nach neuen Möglichkeiten in der Krebstherapie suchte, lernte er auch die Silva Methode kennen. Er nahm Bestandteile des Seminars in seine Behandlung auf und erzielt damit beachtliche Erfolge. Sein Buch *Wieder gesund werden* wurde zu einem Leitfaden für viele Krebskranke.

Einsamkeit, traumatische Ereignisse, Mutlosigkeit, Streß, Hilflosigkeit und Schwächung unsere Abwehrkräfte sind häufig die Ursachen von Krebs.

Bevor sich die ganzheitlich orientierte Medizin in unserem System durchsetzt, werden Jahre vergehen. Immerhin bietet die Psychoneuroimmunologie, die sich aus der altbekannten psychosomatischen Medizin herausentwickelt hat, einige hoffnungsvolle Lichtblicke, da das Interesse diesem Thema gegenüber zunimmt.

Was kann der Kranke aktiv tun, um nicht passiv in der Krankheit unterzugehen?

Rasen Sie nicht von Arzt zu Arzt in der Hoffnung, die Diagnose sei verkehrt. Holen Sie jedoch mindestens eine zweite Meinung eines anderen Mediziners ein. Lassen Sie sich nicht von der Tatsache durcheinanderbringen, daß auch Ärzte verschiedenartige Behandlungsvorschläge machen.

Gehen Sie mit der Methode 10 zu 1 und 5 zu 1 in Ihr Laboratorium. Fragen Sie sich in der Entspannung, bei welchem Arzt und welcher Behandlungsmethode Sie ein besseres Gefühl haben. Verlassen Sie sich darauf, daß Ihr inneres Bewußtsein weiß, was für Sie das Beste ist. Vertrauen Sie Ihrem Eindruck. Lassen Sie sich später von anders lautenden Meinungen Ihrer Angehörigen und Freunde nicht wieder umstimmen.

Wenn die erste Phase des Schocks, in der Sie gar nicht richtig registrieren, was mit Ihnen geschehen ist, vorüber ist, kommt die Phase des Begreifens. Sie bringt Gefühle der Verzweiflung, Wut, des Haderns und der Angst mit sich. Unterdrücken Sie diese Gefühle nicht. Weinen Sie und schimpfen Sie. Es wird Sie erleichtern.

Die erste Schockphase fällt oft mit der Einlieferung ins Krankenhaus zusammen. Vielleicht hatten Sie einen Unfall, erlitten einen Herzinfarkt, oder ein anderes akutes Problem tauchte auf. Sie wurden operiert, erhalten eine Chemotherapie, Bestrahlungen oder andere Behandlungen. In diesem Fall könnte es sein, daß die Phase des Begreifens ausgerechnet dann eintritt, wenn Sie sich in einem Zustand großer körperlicher Schwäche befinden und noch dazu Schmerzen haben.

Akzeptieren Sie, daß es Momente gibt, in denen wir nicht allein zurechtkommen, sondern Hilfe brauchen. Erkundigen Sie sich, ob es einen Psychologen gibt, mit dem Sie sprechen könnten. Falls Sie gläubig sind und das Bedürfnis haben, mit dem Klinikpfarrer zu reden, tun Sie es. Spielen Sie der Familie, die Sie besucht, nicht den Helden vor, sondern lassen Sie sich ruhig einmal gehen, wenn Ihnen danach zumute ist. Die Krankheit eines Familienmitglieds ist kein Einzelschicksal – jeder in der Familie ist in einer solchen Situation aufgerufen, hier etwas zu lernen, auch wenn dies keinesfalls bedeutet, daß jeder seine persönlichen Bedürfnisse von nun an zurückstellen muß. Stephanie Matthews Simonton zeigt in ihrem Buch *Heilung in der Familie* Lösungsmöglichkeiten auf. Die Familie wird zum Team, in dem jeder bestimmte Aufgaben übernimmt, und der Patient wird zum »Mannschaftskapitän«.

Aktivieren Sie Ihre Selbstheilungskräfte, indem Sie mindestens dreimal täglich je fünfzehn Minuten in Ihr Laboratorium gehen. Arbeiten Sie in der Entspannung daran, eine positive Erwartungshaltung zu entwickeln.

Visualisieren Sie ein gutes Verhältnis zu Ihrem Arzt und zum Pflegepersonal. Stellen Sie sich vor, wie jeder von ihnen im richtigen Moment die richtige Intuition hat, um das zu veranlassen, was Ihnen hilft. Visualisieren Sie ihre fröhlichen Gesichter, wenn sie zu Ihnen ans Bett kommen, weil Sie so schnelle Fortschritte machen. Bringen Sie den Medikamenten und der ganzen Behandlung Vertrauen entgegen. Sie sind Ihre Freunde, die Ihnen in diesen schweren Momenten beistehen. Wenn Sie sich mürrisch und niedergeschlagen ständig wiederholen, daß alles sowieso sinnlos sei, Sie bestimmt nicht mehr auf die Beine kommen, durch die Chemotherapie oder die Bestrahlung mit Sicherheit alle Haare verlieren und nur noch Übelkeit verspüren werden, dann müssen Sie damit rechnen, daß Ihre Schaltstelle diese empfangenen Befehle gehorsam weiterleitet, die Medikamente langsam oder gar nicht wirken und verstärkt Nebenwirkungen auftreten.

Gehen Sie in Ihr Laboratorium, in Ihr wundersames Mikrouniversum, in Ihren Körper hinein. Visualisieren Sie das, was nicht funktioniert, in farbigen, bewegten, eindrücklichen Bildern, und bringen Sie es gedanklich in die Ordnung. Verwenden Sie dazu die Medikamente, die Sie erschaffen haben. Wenn es nicht genügt, ersinnen Sie etwas Neues. Visualisieren Sie Medikamente, die Sie einnehmen, als kräftige Supermänner, die Ihnen helfen. Die Bilder, die Ihnen dazu auf der kreativen Bewußtseinsstufe einfallen, brauchen nicht anatomisch exakt zu sein. Hauptsache, sie stimmen für Sie. Kommunizieren Sie mit Ihren Ratgebern. Sie werden Ihnen bei der Entschlüsselung der Bedeutung Ihrer Krankheit eventuell wichtige Hinweise geben können. Schauen Sie auch in Ihren Archiven nach. Sehen Sie sich gesund und zufrieden, so wie Sie wieder werden möchten. Dadurch stimulieren Sie regelmäßig Ihr Immunsystem und geben ihm den Auftrag, für Ihre baldige Genesung zu sorgen.

Der sechzehnjährige Walter K.: »Ich habe den Hodgkin, das ist Lymphdrüsenkrebs, und muß alle paar Wochen zur Chemotherapie ins Krankenhaus. Die ersten beiden Male war es der reinste Horrortrip. Wir waren vier Jugendliche auf dem Zimmer, alle waren bedrückt und starrten vor sich hin. Ich habe nur gebrochen, auch noch Tage nach der Chemo. Ich konnte nichts zu mir nehmen, konnte kaum gehen, weil ich Schwindelanfälle hatte. Mir ging es dermaßen mies, daß ich erst nach acht Tagen heim durfte. Meine Mutter hatte das Silva-Seminar mitgemacht und wollte mich zu einem Kurs anmelden. Damals fühlte ich mich so schlapp, daß ich dazu außerstande war. Eines Tages hielt Dr. Simonton einen Vortrag, zu dem sie mich mitnahm. Ich war beeindruckt und konnte mit ihm zehn Minuten allein reden. Er riet mir, meine Einstellung zur Chemo zu verändern, mir vorzustellen, wie die Medikamente helfen, daß es mir nicht schlecht wird, sondern bessergehen würde. Er erklärte mir, wie ich die Übung in der Entspannung machen muß. Ich hatte zehn Tage Zeit bis zur nächsten Chemo. Von Anfang an lief alles besser. Ich verspürte kaum Übelkeit, konnte die anderen sogar durch Witze aufmuntern. Am Morgen danach frühstückte ich bereits und wurde mittags entlassen. Simonton riet mir, den Kurs zu machen – und deshalb bin ich hier. Ich werde mich regelmäßig selbst behandeln in meinem Labor und bin jetzt überzeugt, daß ich es schaffen werde ...«

Gertraud A.: »Als ich auf der Intensivstation nach der Brustamputation erwachte, kam der Arzt zu mir und teilte mir mit, daß ich außerdem noch Bestrahlungen und wahrscheinlich mehrere Chemos brauchte. Ich hatte damit überhaupt nicht gerechnet und fiel sofort in ein dunkles, tiefes Loch, in eine vollständige Apathie. Am liebsten wollte ich überhaupt nicht mehr weiterleben.

Irgendwann träumte ich von meinen beiden Kindern. Als ich erwachte, war mein Lebenswille wieder da. Vor der Operation hatte ich den Kurs mitgemacht. Ich ging regelmäßig in mein Labor, brachte mich in die Ordnung und sah mich gesund. Ich wurde vorzeitig zum Erstaunen der Schwestern und Ärzte entlassen.

Bei der späteren Chemo hatte ich kaum Nebenwirkungen. Ich programmierte, daß die Killerzellen stärker und vermehrt auftraten. Ich sah sie als riesige Werwölfe, die rücksichtslos alle kranken Zellen attackierten und auffraßen. Seit der Operation sind vier Jahre vergangen. Mein Internist kann gar nicht fassen, daß es mir so gutgeht.«

Udo M.: »Ich hatte mich bei einer Versicherungsgesellschaft beworben und mußte ein Gesundheitszeugnis bringen. Bei den Untersuchungen stellte sich heraus, daß ich HIV-Träger bin. Die ersten acht Tage lief ich wie mit einem Brett vor dem Kopf rum. Natürlich wurde ich nicht angestellt. Ich hatte niemanden, dem ich mich anvertrauen konnte. Mir kamen Selbstmordgedanken. Schließlich ging ich zu unserem Hausarzt. Der gab mir die Adresse einer Selbsthilfegruppe. Ich bin da nur dreimal gewesen. Die waren alle zynisch bis zum geht nicht mehr und trafen sich nur, um über die verkorkste Gesellschaft zu sprechen. Schließlich fand ich dort Hilfe, wo ich sie am wenigsten vermutet hätte – bei meinen Eltern und Geschwistern. Ich entschloß mich, ihnen von meinem Problem zu erzählen. Ich glaubte, sie würden mich rausschmeißen, und fand Verständnis auf der ganzen Linie. Meine Mutter schenkte mir den Silva-Kurs. Ich begriff, daß meine eigentliche Gefahr die Angst war, mit der ich lebte. Im Kurs begegnete ich zwei jungen Leuten meines Alters. Sie halfen, mich wieder aufzubauen. Ich weiß, daß meine Lebenserwartung nicht lang sein kann. Heute bin ich entschlossen, eine gute Lebensqualität aufrechtzuerhalten, wenn auch reduziert. Seit dem Kurs habe ich viel gelesen, mich mit Themen beschäftigt, die mich früher nicht interessiert haben, wie Sterben und Tod. Ich beschäftige mich auch mit dem Glauben. Die Panik ist vorbei. Ich fand einen Halbtagsjob und habe gerade eine positiv arbeitende Selbsthilfegruppe aufgebaut. Wir treffen uns dreimal wöchentlich. Wir besitzen jetzt schon mehr Information über AIDS als manche staatliche Institution. Viele von uns haben üble diskriminierende Erfahrungen gemacht, auch seitens der Ärzte. Wir haben Adressen von Ärzten, die uns nicht abschieben, sondern unterstützend helfen. Wir haben eine Psychologin gefunden, die uns hilft, Schuldgefühle aufzuarbeiten, und die bereit ist, denen zur Seite zu stehen, die bettlägerig werden und wissen, daß ihre Tage gezählt sind. Vor zwei Wochen starb der erste aus unserer Gruppe. Für die meisten von uns war es die erste direkte Erfahrung mit dem Sterben. Sein Körper war eine einzige Wunde, er hustete ununterbrochen und konnte nicht mehr schlucken. In den ganzen letzten Wochen war immer einer von uns bei ihm im Krankenhaus. Ich hatte viele schlimme Sachen über die Behandlung von AIDS-Kranken in Kliniken gehört. In diesem Fall denke ich jedoch dankbar an die Pfleger und Ärzte, die für ihn sorgten. Jeder von ihnen tat sein Bestes. Vier von uns durften bei ihm im Zimmer bleiben, als er ging. Wir berührten ihn und beteten.

Der ganzen Gruppe habe ich die Entspannung beigebracht. Ich gehe mindestens dreimal täglich je fünfzehn Minuten in mein Laboratorium und aktiviere mein Immunsystem. Ich gebe mir dabei Wunderspritzen mit kosmischer Energie.«

Die Schweizer Psychiaterin und Sterbeforscherin Elisabeth Kübler-Ross schreibt in ihrem Buch über AIDS: »AIDS stellt eine eigene Bedrohung der Menschheit dar, aber im Unterschied zum Krieg ist es eine Schlacht von innen, die keine Barrieren oder nationalen Grenzen kennt. Werden wir Haß und Diskriminierung wählen, oder werden wir den Mut haben, uns für die Liebe und den Dienst am Nächsten zu entscheiden? Ja, ich glaube wirklich, daß AIDS die letzte Herausforderung zur Menschlichkeit für uns alle bedeutet.«

Dieser Aufruf zur Menschlichkeit geht an uns alle und nicht nur bei Fällen von AIDS.

Erkundigen Sie sich noch vor der Entlassung aus dem Krankenhaus über das weitere therapeutische Vorgehen.

Erkundigen Sie sich nach alternativen Behandlungen, ihren Kosten und eventuellen Risiken.

Krankheiten bringen Veränderungen mit sich, auch was das Zusammenleben innerhalb der Familie anbelangt. Nehmen Sie diesen Prozeß, der letztendlich zu vielen Konfliktlösungen führen wird, als Gegebenheit an.

Versuchen Sie Ihr Leben zu organisieren.

Sorgen Sie für ausreichende Bewegung.

Sorgen Sie für eine gesunde, ausgewogene Ernährung. Besprechen Sie dies mit Ihrem Arzt.

Vermeiden Sie zusätzliche seelische Belastungen. In der Zeit der Genesung sollten Sie nicht durch Streß überfordert sein! Er verzögert die Gesundung.

Erkundigen Sie sich nach Organisationen oder Selbsthilfegruppen, die Ihnen weiterhelfen.

Wenden Sie regelmäßig die Entspannungstechniken an!

Halten Sie das, was Sie in Ihrem Laboratorium erleben, unmittelbar nach der Entspannung fest. Sie können es aufschreiben, ein Tonband besprechen oder auch malen. Viele Inhalte werden Ihnen noch klarer, und Sie nehmen sie bewußt auf die Äußere Bewußtseinsstufe mit, in Ihr Leben hinein. Wenn Sie nach einigen Monaten Ihre Aufzeichnungen noch einmal durchgehen, werden Sie feststellen, daß Ihre inneren Bilder den Ablauf Ihres psychischen Energieprozesses der letzten Zeit bis in Einzelheiten widerspiegeln und eine Persönlichkeitsreifung in Ihnen stattfand.

Da Kinder wesentlich mehr niedrige Hirnströme produzieren, ist der Übergang von der Äußeren zur Inneren Bewußtseinsstufe, und umgekehrt, gleitender als beim Erwachsenen. Sie erleben ihr Laboratorium auch mit offenen Augen. Kranke Kinder zeichnen daher, während sie in ihrem Laboratorium sind, sofort auf, was sie wahrnehmen, und kommentieren es.

Der zehnjährige Sunil war ein schmächtiges und zartes Kind in der Zeit, in der er zweimal wöchentlich dialysiert wurde. Er hatte gelernt, die Maschinen als seine Freunde zu betrachten. Als feststand, daß eine Transplantation notwendig war, half ich ihm, sich auf die Operation vorzubereiten. In seinem Laboratorium zeichnete er sich drei Monate vorher als großen kräftigen Jungen. Auf der gleichen Zeichnung wollte er demonstrieren, wie gut beide Nieren nach der Operation filtern, malte jedoch plötzlich dicke rote Klumpen in die ableitenden Harnwege ein und sagte dabei: »Das ist nach der Operation so, da ist lauter dickes Blut.« Wir hatten nie mit ihm über postoperative Komplikationen gesprochen. Ich fragte ihn: »Willst du das denn?« Sunil verneinte, strich die Klumpen durch und zeichnete eine einwandfreie Urinausscheidung ein. Hinter beide Nieren malte er starke, wie er erklärte »Aufseher, die darauf achten müssen, daß alles gut funktioniert«. Sein Hauptproblem nach der Operation waren Blutgerinnsel, die die Harnwege verstopften. Sunil ist heute der starke, kräftige Junge, den er vor zwei Jahren gezeichnet hatte.

Ein Freund von mir bewahrt die Zeichnung seiner zwölfjährigen Tochter auf. Als ich Birgit im Krankenhaus besuchte, brachte der Vater die Zeichnung mit. Bis auf das kleinste Detail genau skizzierte Birgit drei Wochen davor ihren Fahrradunfall, bei dem sie von einem Bus gestreift und in hohem Bogen durch die Luft geschleudert wurde.

Als ich Elisa zum erstenmal im Krankenhaus besuchte, war sie sechs Jahre alt. Ihre Mutter war bei einem Unfall ums Leben gekommen. Sie lebte bei ihren Großeltern. Elisa war an Leukämie erkrankt. Ihr behandelnder Arzt hatte keine große Hoffnung, sie durchzubringen, da sie anscheinend auf keine Behandlung positiv reagierte. Elisa hatte ihre Haare verloren und war ein winziges Häufchen Unglück. Wenn sie sich besser fühlte, sprachen wir miteinander. Sie lernte sich zu entspannen und erdachte sich ein Laboratorium. Sie malte es in wunderschönen Farben: »Weißt du, da drin ist soviel Licht wie in einem Regenbogen.« Sie hatte auch eine Frau mit langen schwarzen Haaren gemalt: »Es ist meine Mama. Sie kam und hat mir gesagt, ich würde gesund werden. Da kommt ein Onkel Doktor und hilft mir.« Zwei Monate später besprach Elisas Arzt ihren Fall bei einem internationalen Pädiatriekongreß mit einem Kollegen aus den Staaten. Er schlug eine neue Therapie vor, auf die Elisa sofort ansprach. Sie visualisierte die Medikamente als eine Schar fleißiger Ameisen.»Weißt du, die schaffen Ordnung in meinem Blut und fressen alles Schlechte weg.« Elisas Arzt ist der Ansicht, daß ihr nicht nur die neue Behandlung, sondern vor allem auch die Entspannung half, die ihr jedesmal mehr Vertrauen und Mut machte, mit ihrer Krankheit fertig zu werden. Vor wenigen Wochen traf ich sie mit ihrer Großmutter auf der Straße. Inzwischen ist sie acht und ein hübsches Mädchen mit dichtem, lockigem Haar. »Ich gehe nur noch selten ins Krankenhaus, Maria, und weißt du, meine Mama ist noch immer in meinem Laboratorium. Sie hilft mir, mich ganz gesund zu machen.«

In den Zeichnungen kranker Kinder sind viele präkognitive Elemente enthalten, die dem Arzt und Therapeuten Aufschlüsse über den Krankheitsverlauf geben.

Es gibt Krankheiten, die wir als schicksalhaft annehmen sollten, ohne viel darüber nachzugrübeln, weshalb und warum es dazu kam. Krankheiten, die bereits im Moment der Geburt vorhanden sind, Krankheiten oder Unfälle, die in der Kindheit oder Jugend zu einem Handikap für das restliche Leben werden. Unsere Seele stellt sich bestimmte Aufgaben, aufgrund derer sie lernen möchte oder vielleicht muß. Die Aufgabe für den Betroffenen und all diejenigen, die mit ihm zu tun haben, wird es sein, dieses Schicksal zu akzeptieren, um daran zu reifen und zu einem menschlicheren Geschöpf zu werden.

In der ganzheitlichen Medizin wissen wir, daß drei Bedingungen erfüllt sein müssen, damit der Patient wieder gesund wird: **Der Patient selbst, sein Arzt und die Familie müssen überzeugt sein, daß er es schafft.**

Der ganzheitlich arbeitende Arzt ist tolerant und steht alternativen Behandlungsmethoden, die er teilweise selbst unterstützend mit einsetzt, offen gegenüber. Nur wenige holistisch arbeitende Ärzte und Therapeuten würden sich dagegen wehren, daß der Patient unter Umständen zu einem Heiler geht oder dieser ihn sogar im Krankenhaus besucht, immer und wenn er sich nicht in die Therapie einmischt.

Vor einigen Jahren führten die Biopsychologen Eimer Green und Norman Shealy ein interessantes Experiment durch.

Zwölf ihrer Patienten, die an chronischen Schmerzen litten, wurden an Meßgeräte angeschlossen. Die Heilerin Olga Worrell, die etwa dreißig Meter davon entfernt saß, konzentrierte sich in der Entspannung jeweils auf einen Patienten und sendete positive Gedanken. Bei sechs Versuchspersonen veränderten sich die Hirnströme, die elektrische Spannung der Haut sowie der Atem- und Herzrhythmus. Bei vier verbesserten sich die Schmerzen, zwei fühlten sich schmerzfrei.

Der amerikanische Kardiologe Randy Bird, ehemaliger Professor an der University of California, organisierte in einer doppelblinden, randomisierten Studie für 192 Patienten der Koronarstation des San Francisco General Hospital Gebetsgruppen. Im ganzen Land wurden Gruppen von Protestanten, Katholiken und Juden mobilisiert. Ihnen wurden die Namen, die Diagnosen und der Gesundheitszustand der Patienten mitgeteilt, für die sie beten sollten. Das Ergebnis der Studie war verblüffend. Patienten, die sich in der Gruppe befanden, für die gebetet wurde, benötigten signifikant seltener Antibiotika (3 gegenüber 16), erlitten seltener Lungenödeme (6 gegenüber 18) und mußten im Gegensatz zu zwölf Patienten der Kontrollgruppe (für die niemand betete), in keinem einzigen Fall intubiert werden *(Arzt und Patient – Begegnung im Gespräch,* Pharma Verlag).

Unser Gedankenpotential ist noch nicht genügend erforscht worden. Gedankliche Energien kennen jedoch, wie wir heute wissen, keinerlei Begrenzung durch räumliche Entfernung.

Sie können kranken Angehörigen und Freunden helfen, indem Sie den Betroffenen jeden Tag in Ihrem Laboratorium visualisieren. Bringen Sie in Gedanken in die Ordnung, was bei ihm nicht funktioniert, und stellen Sie sich die Person gesund und zufrieden vor. Sie stimulieren damit den im Energiefeld enthaltenen Überlebensmechanismus und regen seine Selbstheilungskräfte an. Jeder von uns hat sein persönliches Schicksal. Wir alle leben, und wir alle gehen irgendwann. Niemand besitzt die Macht, schicksalsverändernd in das Leben eines anderen Menschen einzugreifen.

Wir sind Teil eines Ganzen. Dieses Ganze unterliegt einem Gesetz des Wandels. Der Tod gehört zu diesem Prozeß. Wenn Sie *auf* der tieferen Bewußtseinsstufe zur inneren Gewißheit gelangen, daß der geliebte Mensch, um den Sie bangen, gehen muß, dann versuchen Sie nicht, die rhythmische Gesetzmäßigkeit durch Anklammern zu verzögern. Helfen Sie ihm, die Transformation so bewußt wie möglich erleben zu können. Wenn Sie loslassen, wird er es ebenfalls leichter haben, sich selbst loszulassen.

> »Die Wirklichkeit des Lebens ist das Leben selbst, das weder im Mutterleib beginnt, noch im Grab endet. Die Jahre, die vergehen, sind nur ein Augenblick im Angesicht der Ewigkeit. Die Welt der Materie und alles, was zu ihr gehört, ist nur ein Traum im Vergleich zu dem Erwachen, das wir den Schrecken des Todes nennen.«
>
> *Khalil Gibran*

Zusammenfassung
- Definition von Gesundheit.
- Wir erkranken durch uns selbst, infolgedessen heilen wir nur durch uns selbst.
- Die holistische Medizin.
- Der Einfluß unserer Gedanken auf die chemischen Prozesse in unserem Körper.
- Ratschläge für den Kranken.
- Wie Sie Ihre Selbstheilungskräfte mobilisieren können.
- Die Arbeit mit kranken Kindern.

Die spirituelle Dimension

Vor einigen Monaten erlebte ich einen unterhaltsamen Rückflug über Madrid neben einem Jesuitenpater. Wir kamen von dem vertrockneten, grünlich schimmernden Ei, das wir in der Picknicktüte vorfanden, auf die Umweltbedingungen zu sprechen. Von da gelangten wir zu den christlichen Seminaren, die er gab, zur Mind Control, die er kannte, und das brachte uns wiederum zum Thema Numinosität.

»Wissen Sie, meine Tochter«, sagte er, »kein Heiliger wurde jemals mit einem Heiligenschein geboren. Es waren alles Menschen, die durch die tiefsten Tiefen des Lebens hindurchmußten. Sie haben alle hart gearbeitet, die meisten sind den verschiedenen Sünden mindestens einmal erlegen. Es waren aber Menschen, die in ihrer Suche nach dem inneren Selbst nie lockergelassen haben. Sie haben bis zu ihrem Tod an ihrer Selbstverwirklichung gearbeitet und zu dem gestanden, was sie getan oder gedacht haben. Auch wenn sie dafür den Märtyrertod erleiden mußten. Wenn Sie so wollen«, fuhr er fort, »ist jeder Mensch, der diesen gleichen Weg geht, ein möglicher, zukünftiger Heiliger.«

Ob Sie das Bestreben haben, zu einem Heiligen werden zu wollen, können nur Sie beurteilen. Jedenfalls sollten wir alle daran arbeiten, unser eigenes Ich-Bewußtsein lebendig zu erfahren. Es ist nur dann möglich, wenn wir uns selbst beobachten, die Verantwortung für uns selbst übernehmen und das unmittelbar Wesentliche mehr in die Ordnung bringen, kurz – Klarheit schaffen in unserem privaten Leben, dem Beruf, dem Streß, den kleineren und größeren gesundheitlichen Problemen. Es bringt Sie in ein inneres und äußeres Gleichgewicht, das heißt zum Gleichmut. Die Anleitungen in diesem Buch werden Ihnen dabei helfen.

Bei dieser Arbeit wird irgendwann ein ermutigendes Ahnen in Ihnen erwachen. Ihr Blick wird sich weiten, und Sie werden spüren, daß es höhere Bewußtseinsformen gibt, die nicht fremd und eigenartig sind, sondern zu uns gehören, und denen Sie sich öffnen sollten.

Wir alle sind aufgerufen, daran mitzuarbeiten, den nächsten Schritt der menschlichen Evolution vorzubereiten. Dieses Wissen wollten uns die »Großen« der Weltgeschichte vermitteln. Das sind Moses, Jesus Christus, Buddha, Krishna, Mohammed, Laotse, um nur einige zu erwähnen. Man hat ihr Wissen in den Rahmen von Religionen gepreßt, die zwar in den Zeiten ihrer Entstehung dem Bewußtsein der Menschen angepaßt waren, heute jedoch in ihren Satzungen, Dogmen und hierarchischen Vorstellungen erstarrt sind, zeitgemäße Impulse zurückweisen und dadurch jeden Keim von Erneuerung ersticken. Die großen Weltreligionen haben nur dann eine Überlebenschance, wenn sie dem in ihnen enthaltenen alten Wissen gestatten, sich zu entfalten.

Ihr eigener Horizont ist unbegrenzt, und zwar immer dann, wenn Sie nicht versuchen, ein zu steriles und perfektes Leben zu führen. Sie werden feststellen, daß Ihr Verstand Sie immer daran hindern möchte, dem Drang nach Freiheit, den Sie in gewissen Momenten in sich verspüren, nachzugeben, so daß Sie geneigt sind, Ihre Möglichkeiten einzuschränken und neuen Erkenntnissen aus dem Weg zu gehen. Wenn Sie ausweichen, bleiben Sie jedoch Ihrem Schicksal etwas schuldig. Ihre Seele wird Ihnen durch eine innere Unruhe klarmachen, daß Sie etwas versäumen, sich nicht entfalten und auf dem gewohnten, bequemen Trampelpfad geblieben sind.

Zugegeben, es ist nicht leicht, dem Ruf nach einer Veränderung zu folgen, auch dann nicht, wenn wir die Notwendigkeit einsehen. Es bedeutet, eventuell konservative Barrieren zu durchbrechen und das hinter uns zu lassen, was uns Geborgenheit, Anerkennung und Respekt einbrachte. Sie sollten sich aber zumindest ab und zu einer Selbstprüfung in Ihrem inneren Raum unterziehen, um festzustellen, ob Sie wenigstens noch einigen Ihrer Ideale treu geblieben sind oder Ihr Leben nur nach den sogenannten »Verpflichtungen« ausrichten. Ein zwanghaft geführtes Leben verschließt Ihnen auch den Weg zur Glaubenserfahrung, die letztlich nichts anderes ist, als das dankbare Erkennen: **Ich bin ein Teil der allumfassenden Liebe.** Dieses Erkennen bezeichnet man als Erleuchtung.

Die Entdeckung der inneren und äußeren Freiheit bedeutet nicht, in die Verantwortungslosigkeit zu fallen, restlos alles Bisherige aufzugeben. Es bedeutet nicht das schweigsame, konsequente Sich-Zurückziehen in einem Kloster im Himalaja oder das Sich-Gehen-Lassen, was die äußeren, materiellen Angebote und Reize betrifft. Es bedeutet, daß wir ab und zu sehr bewußt bestimmte sogenannte zweckmäßige »Regeln« durchbrechen sollten, um die Kraft unseres Willens zu spüren und die Lebendigkeit unserer kreativen Ideen. Wir sollten mit ihnen schöpferisch eintauchen und teilhaben an der Transformation des jetzigen Bewußtseins hin zu einem höheren, dem kosmischen Bewußtsein.

Botschaften über das Erhabene der Transzendenz haben wir genügend erhalten. Nicht nur die heiligen Schriften wie die Veden, die Bibel, der Talmud und der Koran enthalten sie, sondern auch die Mystiker, Sufis, Kabbalisten, Siddhis, Komponisten, Maler und Dichter vermitteln sie uns. Wir müssen nur von ihnen lernen, Augen und Ohren öffnen und als Mensch die Initiative ergreifen und unsere Kräfte einsetzen. Das heißt, Sie müssen manchmal das zulassen, was geschehen möchte.

Beatrice war in einer traditionsbeladenen Familie groß gewor-

den mit einem Vater, der als Oberhaupt der Familie die absolute
Autorität besaß. Ihr Leben nahm den Verlauf, den man von ihr
erwartet hatte, und das fand sie auch in Ordnung. Sie legte ihr
Abitur und das Dolmetscherexamen mit Auszeichnung ab. Als
sie einundzwanzig war, lernte sie ihren zukünftigen Mann kennen, der aus der gleichen Gesellschaftsschicht stammte. Sie hei-
ratete, als sie zweiundzwanzig war, und kam nun von der Autorität des Vaters unter die des Ehemanns. Sie brachte drei Kinder
zur Welt. Immer noch war für sie die Welt in Ordnung. Aufgrund der vielen sozialen Verpflichtungen ihres Mannes hatte
sie nie eine Stellung angenommen. Sie organisierte die Einladungen und Termine, repräsentierte, wenn es nötig war, küm-
merte sich um die Schule, die Tennis- und Klavierstunden der
Kinder und war stolz, eine perfekte Ehe zu führen. Plötzlich,
mit vierzig, als ihre Kinder fünfzehn, sechzehn und achtzehn
Jahre alt waren, fiel sie in ein emotionales Loch. Sie konnte
nicht begreifen, was mit ihr geschehen war und daß in ihr alles leer war. »Wie ausgelöscht. Ich fühle nichts mehr. Weder
mein Mann noch meine Kinder, noch die Freunde geben mir etwas. Das Leben ist für mich sinn-und ausweglos geworden. Beinah von einem Tag zum andern. Es ist, als ob ich wie bei einem
Erdbeben den Boden unter den Füßen verloren hätte ...«

Es war ein Erdbeben. Ihre Seele hatte an ihren Festen gerüt-
telt und geschüttelt und sie in einen Abgrund gezogen, um ihr
klarzumachen, daß sie sich in ihrem vierzigjährigen Leben um
alles und alle gekümmert hatte, nur nicht um das Wichtigste,
um sich selbst. Es war für sie nicht leicht, in der Therapie zur
Einsicht zu gelangen, daß all diese Regeln, die bisher für sie
einen absoluten Gültigkeitswert besaßen, die Verkümmerung
ihrer ganzen Persönlichkeit bewirkt hatten. Daß Leidenschaft,
Spontaneität, Schwäche, Aggression, also all die Eigenschaften,
die in ihrer Familie verpönt waren und die man nicht zeigt, mit
in unser Leben hineingehören, gestaltend und verwandelnd wirken und das Verkrampfen verhindern. »Ich werde in dieser The-

rapie in eine für mich umgekehrte Welt hineingeboren«, sagte sie einmal. Nach sechs Monaten hatte Beatrice die Kraft, bewußt Veränderungen herbeizuführen. Sie belegte Fortbildungskurse. Nach einem Jahr fand sie einen Halbtagsjob – alles gegen den Willen ihres Mannes. Sie kam nur noch selten zu mir. Es war ihr klargeworden, daß sie sich nicht mehr einengen und hemmen lassen wollte, sondern nach einer Lebensführung strebte, in der sie zu einem freien Menschen werden konnte.

Eines Abends rief sie mich an: »Morgen komme ich nicht zur Therapiestunde. Ich habe eine Haushälterin besorgt und verreise zwei Monate. Ich sage niemanden wohin, werde nur ab und zu daheim anrufen. Meine Familie sagt, ich sei verrückt.« Ich beglückwünschte sie und sagte ihr, daß sie wohl kaum noch eine Therapiestunde brauchte. Kurz vor dem Ende ihrer Reise erhielt ich einen schmetterlingsleichten Brief aus Madeira.

»... zum Schluß möchte ich Dir noch von einem besonderen Erlebnis berichten. Bei einer meiner vielen einsamen Wanderungen saß ich etwas erschöpft neben einem Tulpenbaum und blickte über die Landschaft. Der Sonnenuntergang hatte glutrote Farben geschaffen, die alles durchtränkten. Plötzlich wurde es in mir sehr still. Ich selbst war ein Teil dieser roten Glut. Ich hatte mich aufgelöst und war eingegangen in diese Farbe. Ich selbst durchströmte die ganze Natur. Die Bäume, die Sträucher, die Hügel, das Meer. Wie lange dieser Zustand dauerte? Ich weiß es nicht, aber ich weiß jetzt, daß mein Leben einen Sinn hat und es nur eine wirkliche Energie gibt: die Liebe. Zu Hause erwartet mich das Chaos. Vorwurfsvolles Schweigen, Drohen mit Scheidung. Das alles macht mir nichts mehr aus. Meine Familie wird meine Verwandlung bemerken. Ich bin bereit, wieder in die Verantwortung einzusteigen, werde aber meine Bedingungen stellen. Ich bin bereit, mit ihnen neue Erfahrungen zu machen, die außerhalb des sogenannten ›Normalen‹ liegen. Dazu gehört, daß auch sie ab und zu bereit sind, etwas Verrücktes zu tun. Werden sie dazu bereit sein? Ich weiß es nicht. Ich weiß jedoch, daß ich, wenn ich nur auf Unverständnis stoße, gehen werde. Und weißt Du warum? Weil ich sie liebe ...«

Für die Philosophen, die die Veden studieren, gibt es *einen* transzendentalen, universellen Gott, der sich in allem, was existiert, manifestiert. Der Gedanke, daß der Mensch irgendwann von Gott getrennt sein könnte, bedeutet für sie die größte aller menschlichen Unwissenheiten. Unter spirituellem Fortschritt verstehen sie das Bemühen des einzelnen, auf seinem Lebensweg die Tatsache des »Eins-Seins« als Wahrheit zu erfahren.

Unser Gehirn präsentiert uns eine funktionelle Realität der Welt, die uns erlaubt, zu überleben, uns zu ernähren, gesund zu erhalten und uns fortzupflanzen. Es ist eine eingeschränkte Wirklichkeit der Welt, die tatsächlich existiert. In spirituellen und religiösen Richtungen wurde diese Einschränkung als »Illusion« oder »Maya« bezeichnet.

In den letzten fünfzig Jahren hat sich die Bevölkerung auf der Erde verdoppelt. Wenn wir als Menschen tatsächlich überleben wollen, werden wir lernen müssen, in ein neues, toleranteres, feinfühligeres, gemeinsames Bewußtsein hineinzuwachsen. Erkenntnisse, die wir auf der Inneren Bewußtseinsstufe als real erfahren, müssen nach außen in unser Handeln verlegt werden.

Rolf arbeitete als Werbefachmann in einer internationalen Firma. Er kam mit dem Auftrag, ein neues Reinigungsmittel zu vermarkten, nicht weiter. »Ich hatte mich bereits zwei Wochen lang mit dem Thema herumgeschlagen, war auf zig Ideen gekommen, hatte sie allesamt wieder verworfen und fühlte mich kribbelig und unwohl. In der Entspannung ging mir auf, daß ich für dieses Produkt keine Werbeidee entwickeln wollte, weil ich wußte, daß es sehr umweltschädlich ist. Wie sollte ich das meinem Chef verklickern? Diese Frage war mir schleierhaft. Ich griff zu einer Notlüge und wurde einige Tage lang ›krank‹. Mit meinem Rucksack fuhr ich in die Berge. Dort, in der Natur, bei Wind, Regen und Sonne, wurde mir klar, daß ich nichts tun wollte, was gegen mein Gewissen verstieß. Nach meiner Rückkehr suchte ich meinen Chef auf und machte reinen Tisch, das heißt, ich sagte ihm, daß ich für dieses Produkt keine Werbung entwerfen wollte, und ich legte meine Gründe dar. Wie erwartet fand er, daß ich zu einem unnützen Glied der Firma geworden sei, und feuerte mich. Das Ganze fiel in eine für mich sehr ungünstige Zeit. Ich hatte mir gerade eine eigene Wohnung gekauft, hatte eine Menge Schulden, mußte für meine zwei Kinder aus erster Ehe aufkommen und hatte keinen Schimmer, wie es weitergehen sollte. Merkwürdigerweise war ich trotz dieser Umstände selten in meinem Leben so fröhlich und zufrieden. Nach drei Monaten traf ich einen ehemaligen Kollegen. Wir richteten bei mir zu Hause einen Arbeitsraum ein und hatten bald die ersten kleineren Aufträge. Wir sind Freunde geworden. Er denkt so wie ich. Es genügt, um uns über die Runden zu bringen. Die Hauptsache für uns ist, das zu tun, was wir mit unserem Gewissen vereinbaren können.«

Wir dürfen uns nicht als Opfer der Umstände fühlen und allen anderen die Schuld geben. Selten stecken ausgesprochen böse Absichten dahinter, wenn Menschen so reagieren, daß sie uns weh tun. Wir stehen nur auf verschiedenen Entwicklungsstufen, auf denen wir unsere Interaktionen häufig unverständlich finden. Wir müssen den Seelenfrieden in uns selbst herstellen. Er wird uns leiten und bietet den Ansatzpunkt für ein genaues, vorausschauendes und freies Handeln in allem, was wir tun. Das ist die wirkliche Freiheit, die wir besitzen.

Der mexikanische Meister, Don Tomas, erläuterte die verschiedenen Entwicklungsstufen an einem Beispiel: »An einem bestimmten Tag erreichen drei Wanderer zu unterschiedlichen Zeiten den gleichen Aussichtspunkt. Der erste betrachtet die Landschaft, trinkt dabei sein Mineralwasser, wirft die leere Büchse zum herumliegenden Müll dazu und geht weiter. Der zweite bemerkt den Abfall und sagt sich: ›Wie schade, daß Menschen an einem so schönen Ort Unrat verstreuen.‹ Er betrachtet die Aussicht und geht weiter. Der dritte sammelt die leeren Büchsen, Flaschen und Papiere zusammen. Er gräbt ein Loch, schüttet alles hinein und deckt es mit Erde zu. Dann ruht er sich aus und genießt die Landschaft.«

Die Erleuchtung oder Erfahrung des wahren kosmischen Bewußtseins wird nur wenigen Menschen zuteil. Sie wird uns vor allem meist dann nicht geschenkt, wenn wir sie verbissen und besessen unbedingt finden wollen. Wenn wir begreifen, daß die Ewigkeit nicht irgendwann nach unserem Tod beginnt, sondern daß die Zeit, in die wir hineingeboren wurden, ein Teil der Ewigkeit ist, dann sind wir schon etwas erleuchtet, haben begriffen, daß das Hier und Jetzt, also jede einzelne Minute, die wir erleben, wichtig ist. Es wird uns dämmern, daß wir nicht nur eine Verantwortung für uns selbst, sondern auch für den Mitmenschen tragen. Das ist der Augenblick, in dem wir zu einem mündigen Menschen geworden sind. Sich um das Wohl der anderen zu bemühen, wird Ihnen zu einem Anliegen werden. Nicht, um noch mehr Macht, Besitz und Respekt zu erlangen, sondern weil höhere geistige Energien Ihnen neue Verhaltensregeln diktieren und Sie befähigen werden, über Ihre begrenzte Natur hinauszuwachsen.

Sie müssen nicht gleich zu einem Wohltäter der Menschheit werden. Wenn Sie im kleinen, bei Ihrer Familie, Ihren Freunden und Nachbarn beginnen, bringen Sie sich selbst und dem andern bereits mehr Harmonie und Liebe entgegen.

Walter I., ein vierzigjähriger Manager in leitender Position eines Unternehmens: »Ich war damit beschäftigt, meinen neuen Terminkalender zu erstellen. Plötzlich bemerkte ich erschrocken, daß ich im ganzen letzten Halbjahr nur ein einziges Wochenende zu Hause verbracht hatte. Das folgende Wochenende sollte ich nach Brüssel und das Wochenende danach in die Schweiz. Dazwischen hatte ich keine Zeit, nach Hause zu fahren. Mein achtjähriger Sohn lag mit Masern im Bett, meine vierjährige Tochter hatte seit drei Wochen einen Gips, und meine Frau mußte sehen, wie sie mit allem allein fertig wurde. In einer tiefen Entspannung ging mir auf, daß ich am Wesentlichen vorbeilebte. Das Wesentliche war meine Familie. Ich sagte alle Termine ab und fuhr heim. Dort erwartete mich der nächste Schock, denn ich hatte nicht damit gerechnet, wie fremd ich ihnen geworden war. Mein Sohn war mindestens um acht Zentimeter gewachsen, für mein Töchterchen war ich eine Art Außerirdischer, und meine Frau konnte gar nicht fassen, daß ich auf einmal zur Verfügung stand. Am Sonntag, nach einer weiteren Meditation, begriff ich meine Verantwortung. Ich mußte radikale Veränderungen herbeiführen. Damals hatten wir ein Bauprojekt. Mir hatte vorgeschwebt, in ein größeres Haus umzuziehen, mit einem größeren Garten und einem Schwimmbad. Wir beschlossen, auf dieses Projekt zu verzichten; ich wollte mich arbeitsmäßig sehr einschränken und lieber auf einen höheren Verdienst verzichten, um mit meiner Familie mehr Zeit zu verbringen. Meinen Posten überließ ich einem Kollegen, konnte jedoch im gleichen Unternehmen mit weniger Gehalt weiterarbeiten. Diese Entscheidung hat zu meiner inneren Ruhe beigetragen. Ich habe mir die Freiheit genommen, mehr Liebe geben und entgegennehmen zu dürfen.«

Axel M., ein fünfundzwanzigjähriger Medizinstudent: »Ich habe den Silva-Kurs eigentlich nur aus Neugierde gemacht, ging dann aber sehr nachdenklich aus dem Seminar heraus. Damals war ich ziemlich unzufrieden und unstet. Ich arbeitete konsequent mit einigen Techniken und stellte fest, daß sich nach und nach mein Denken veränderte und ich mehr zu meinem Gleichgewicht fand. Im nachhinein sehe ich, daß ich etwa zu diesem Zeitpunkt begann, mir über Dinge Gedanken zu machen, die in meinem Umfeld passierten. Seit meiner Kindheit lebe ich in einem Viertel, in dem sehr viele Ausländer wohnen. Jugoslawen, Türken und Araber. Ich bemerkte plötzlich, daß der Haß auf Ausländer mit jedem Tag zunahm. Das brachte wiederum mit sich, daß auch sie uns täglich mit einer größeren Feindschaft begegneten. Der Bumerangeffekt war offensichtlich. Es hatten sich richtige kleine Banden gebildet. Überfälle und Anpöbeleien waren an der Tagesordnung. Ständig mußte die Polizei anrücken. Ich besprach das Problem mit einigen Freunden, und wir fanden, daß wir etwas tun sollten. Wir beschlossen, eine Art Freundschaftsclub für Deutsche und Ausländer einzurichten. Ein Freund stellte seine Garage zur Verfügung. Wir legten sie mit einem Teppichboden aus und stellten einige Sperrmüllmöbel hinein. Dann gingen wir auf diese verschiedenen Gruppen zu, sprachen mit ihnen und baten sie, in unseren Club zu kommen. Zuerst stießen wir nur auf Abwehr. Langsam fanden sich dann doch ein paar Typen ein. Wir stellten Diskussionsgruppen auf die Beine, machten zusammen Spiele und veranstalteten auch Tanzabende. Langsam, etwa nach sechs Monaten, nahm das Ganze Gestalt an. Während wir anfangs nur an drei Nachmittagen geöffnet hatten, stand der Club dann, zumindest den festen Mitgliedern, jeden Tag zur Verfügung. Wir lernten ihre Schwierigkeiten kennen und sie die unseren. Arbeitslosigkeit, ungerechtfertigte Kündigungen und anderes. Wir gründeten einen Verein für Nachbarhilfe und haben jetzt auch einen Anwalt, der sich ihrer juristischen Probleme annimmt. Die Garage wurde zu klein. Die Mitglieder, die eine Arbeit haben, zahlen jetzt regelmäßig Beiträge. Wir konnten uns einen leerstehenden Schuppen mieten und ausbauen. Da haben wir jetzt ein Büro und einen Gemeinschaftsraum eingerichtet. Wir kümmern uns auch um kranke, alte alleinstehende Menschen. Natürlich haben wir noch immer Fanatiker in unserem Viertel, die dauernd Randale machen. Das sind eher richtige Asoziale. Wir haben jedoch festgestellt, daß die meisten ein friedliches Auskommen wünschen und die Aggressionen nur die Folge von innerer Unsicherheit und Verzweiflung waren. Insgesamt hat sich die Atmosphäre in unserm Kiez merklich verbessert. Ich denke, daß auch die sogenannten ›Heimatabende‹, die wir veranstalten, dazu beitragen, die anderen Mentalitäten und Bräuche verstehen zu lernen. Auch die unterschiedlichen Gruppen von Ausländern sind sich selbst und unserer deutschen Mentalität nähergekommen. Wir sind alle wesentlich toleranter geworden. Ich möchte mich später als Arzt in meinem Viertel niederlassen.«

Eine Bewußtseinserweiterung führt dazu, daß wir Merkmale einer Weiter- oder auch Rückentwicklung unserer eigenen Persönlichkeit deutlich erkennen. Wir besitzen als Menschen die Freiheit zu wählen. Wir dürfen und werden auch weiterhin Fehler machen. Wir können jedoch aus ihnen lernen und müssen jedesmal mehr daran arbeiten, unsere innere Dimension klarer zu verstehen. Desto mehr formt sich unser Charakter und desto besser werden wir dann auch verstehen, wie die Außenwelt, in die wir hineingeboren wurden, eigentlich aussehen sollte. Zweifellos bringt dieses Verständnis ein Mehr an Verantwortung für den einzelnen mit sich.

Evolution heißt nicht, sich passiv mit dem abzufinden, was ist, und mit dem, was uns zukünftig auferlegt wird, sondern es handelt sich um einen dynamischen Prozeß, der vom Menschen aktiv und direkt beeinflußt und kontrolliert werden kann.

Für Teilhard de Chardin war die Evolution der Materie, des Lebens und des Menschen der integrierte Bestandteil eines einzigen Prozesses kosmischer Entwicklung. Die Richtung, in der die Evolution verläuft, nannte er den Punkt »Omega«. In seinem Buch *Der Mensch im Kosmos* definiert er ihn als »eine harmonische Kollektivität von Bewußtheiten, die einer Art von Überbewußtsein gleichkommen. Die Erde bedeckt sich nicht nur mit Myriaden von Denkkörnchen, sondern umhüllt sich mit einer einzigen denkenden Hülle und bildet funktionsmäßig ein einziges umfassendes Denkkorn von siderischem Ausmaß. Die Vielheit individueller Reflexionen, die sich im Akt einer einzigen, einmütigen Reflexion sammeln und verstärken ...«.

Jeder von uns ist so ein Denkkörnchen. Jeder von uns ist mit seinen Gedanken und seinem Handeln für das zukünftige Denken und Handeln der Menschen mitverantwortlich.

Die Anzahl derjenigen, die eine Stufe der Selbstverwirklichung erreicht haben, auf der sie erkannten, daß ihre Existenz eine Bedeutung hat, nimmt laufend zu. Sie vernehmen den Ruf in sich, daran mitzuwirken, eine neue Ordnung zu schaffen, die sich aus unseren überholten Systemen heraus entwickeln muß. In ihrem Buch *Die sanfte Verschwörung* spricht Marilyn Ferguson von kleineren Gruppen von Menschen, die wie Netzwerke funktionieren, ähnlich wie die zusammengeschlossenen Netzwerke im menschlichen Gehirn, und die dabei sind, jene Ordnung zu schaffen. Sie spricht von Friedensgruppen, Umweltschützern, Menschenrechtsgruppen und Menschen, die den Hunger in der Welt bekämpfen. Es sind Tausende.

Immer häufiger treffe ich mit Menschen zusammen, von denen ich nie angenommen hätte, daß sie sich für solche Themen interessieren, und die mir von ihrer Teilnahme an dieser Wandlung erzählen.

Vor einiger Zeit läutete einer meiner Nachbarn, ein junger Apotheker, an meiner Tür: »Ich möchte mich bei dir für die angenehme Nachbarschaft so vieler Jahre bedanken. In den letzten drei Jahren habe ich mich durch Schulungen vorbereitet, mit einigen Ärzten und Pflegern von hier nach Peru zu gehen. Die Armut hat sich dort durch den Terrorismus der vergangenen Monate noch verschärft. Wir haben jetzt die Mittel, um im Norden eine Notfallstation aufzubauen und in den Armenvierteln zu helfen.«

Die Eltern einer ehemaligen drogenabhängigen Patientin von mir eröffneten ein Informationsbüro für Drogensüchtige. Sie vermitteln Adressen von Ärzten, Therapeuten und Zentren, die sich Zeit nehmen, ihnen weiterzuhelfen.

Eine pensionierte Lehrerin hat in ihrer Gegend einen Gratisnähkurs für junge Mädchen eingerichtet. »In meiner Umgebung wohnen viele verarmte Familien. Es fiel mir auf, daß die jungen Mädchen teilweise noch nicht einmal Knöpfe annähen konnten. Eigentlich dachte ich, daß die Jugend an so etwas wie nähen gar nicht mehr interessiert ist, aber wir haben an den Nähabenden kaum noch Platz in meiner Stube. Von einigen Läden erhalte ich Stoffreste, die sie nicht verkaufen können. Da schneidern sie sich Röcke und Blusen. Die Begeisterung ist groß.«

Eine Bewußtseinserweiterung äußert sich auch darin, daß manche das Bedürfnis verspüren, sich mehr künstlerisch zu betätigen und ihre psychische Freiheit durch Kreativität zum Ausdruck zu bringen. Dabei versuchen sie oft, anderen Menschen die Freude am schöpferischen Schaffen zu vermitteln. In meinem Haus lebt eine alte Dame, die ich vor einiger Zeit im Aufzug traf. Als ich sie nach ihrem Befinden fragte, strahlte sie: »Wissen Sie, ich fühlte mich hier immer sehr einsam. Meine Kinder sind alle weggezogen. Beim Einkaufen bemerkte ich, daß es anscheinend noch andere alleinstehende ältere Damen gab. Ich habe sie einfach angesprochen. Wir treffen uns bei mir dreimal wöchentlich. Aber nicht nur, um zu reden, sondern wir malen, basteln und eine von uns knüpft kleinere Teppiche. Es ist sehr vergnüglich. Stellen Sie sich vor, wir haben einige unserer ›Werke‹ sogar auf dem Flohmarkt verkaufen können.« Dieser gleichen alten Dame begegnete ich kurz danach an einem Meditationsabend. »Wissen Sie, wenn ich in der sehr tiefen Entspannung bin, tauchen vor meinem geistigen Auge die ausgefallensten Farben und Formen auf, die sich wie in einem Kaleidoskop zu immer neuen Gebilden zusammenfügen. Das brachte mich auf den Gedanken, zu malen, was ich wahrnahm. Jetzt, da wir zu fünft sind, macht es noch mehr Spaß.«

Freunde von mir kauften ein verkommenes Anwesen in Nordspanien, in der Nähe einiger verlassener Dörfer. Sie renovierten das Gebäude, bepflanzten den Garten und bieten dort Töpfer-, Mal- und Zeichenkurse an. Abends finden Meditationen statt. Sie versuchen, mit einfachen Übungen in der Entspannung dem Stadtmenschen durch Gruppenaktivitäten das Gefühl der Verbundenheit zu sich selbst, dem Mitmenschen und der Natur zu vermitteln.

Juan und Loli berichteten mir von ihrem Aufenthalt in diesem Zentrum: »Wir hatten das Silva-Seminar in Barcelona mitgemacht und sehr davon profitiert. Das Laboratorium benutzen wir ständig. Als der Urlaub näher rückte, überlegten wir, daß wir einmal etwas ganz anderes machen wollten, etwas Besinnlicheres. Thailand, Tunesien, die Staaten – das alles hatten wir hinter uns. Wir hörten von diesem Zentrum und fuhren kurz entschlossen hin. Außer in der Schule hatten wir uns noch nie kreativ betätigt. Loli belegte den Zeichen-, ich den Töpferkurs. Beide hätten wir nie gedacht, daß es uns soviel Freude macht. Unser stärkstes Erlebnis hatten wir mit der sogenannten Baum-Übung. Wir saßen im Kreis um eine Kastanie. In der tiefen Entspannung mußten wir die Hände ausstrecken, um die Energie des Baums zu fühlen. Dann standen wir auf und gingen mit geschlossenen Augen auf den Baum zu und spürten, wie seine Energie sich verstärkte. Wir umarmten den Baum. Sowohl Loli als auch ich spürten, wie seine Energie uns durchströmte, welche Lebenskraft in ihm pulsierte. Wir waren eins mit dem Baum. Welche Erfahrungen wir mitgenommen haben? Wir haben unsere Liebe zur Natur entdeckt und suchen jetzt nach einer alternativen Möglichkeit, unsere Arbeit in eine Gegend zu verlegen, wo wir mehr Kontakt mit ihr haben.«

Den Weg der inneren Entwicklung einzuschlagen und weiterzugehen bedeutet infolgedessen, größere persönliche und soziale Verpflichtungen auf sich zu nehmen, in einen Dialog zu den Künsten, zur eigenen Kreativität und zur Natur zu treten.

Sie müssen deshalb jedoch nicht in langen wallenden Gewändern, mit einem heiligen Blick und Insignien um den Hals herumlaufen. Hüten Sie sich bei Ihrer spirituellen Suche vor Sekten oder Gruppen, die behaupten, die absolute Wahrheit und allein seligmachende Weisheit zu besitzen. Das würde Sie einengen und verunsichern und eine Rückentwicklung mit sich bringen. Vermeiden Sie alles Extreme. Horchen Sie auf Ihre innere Stimme, die Intuition. Sie wird Sie auf dem Weg der Mitte begleiten.

Vor beinahe zweitausend Jahren hat jemand mit ganz einfachen Worten zum Ausdruck gebracht, wie wir es schaffen können. Es war Jesus von Nazareth, der sagte:

> Bittet, so wird euch gegeben,
> suchet, so werdet ihr finden,
> klopfet an, so wird euch aufgetan.

Literatur

ANDERSON, Walt: *Der tibetische Buddhismus*, München 1979

BANDLER, Richard: *Mit Familien reden*, München 1978

BARZ, Helmut: *Selbst-Erfahrung*, Stuttgart 1973

–: *Vom Wesen der Seele*, Stuttgart 1979

BITTER, Wilhelm: *Einsamkeit*, Stuttgart 1966

–: *Abendländische Therapie und östliche Weisheit*, Stuttgart 1966

BLY, Robert: Eisenhans, München 1991

BREITENSTEIN, Rolf: *Wenn Männer zuviel Arbeiten*, München 1990

CAMPBELL, Joseph: *The Inner Reaches of Outer Space*, New York 1986

v. DITFURTH, Hoimar: *Der Geist fiel nicht vom Himmel*, München 1980

DÜRCKHEIM, Graf Karlfried: *Vom doppelten Ursprung des Menschen*, Freiburg i. Br. 1973

ECCLES, John C.: *Das Rätsel Mensch*, München 1982

–: *Die Psyche des Menschen*, München 1980

FERGUSON, Marilyn: *Geist und Evolution*, Olten 1981

–: *Die sanfte Verschwörung*, Basel 1982

FERNANDEZ-HDEZ, Maximum: *Psicologia del Trabajo*, Madrid 1979

FORDHAM, Michael: *Vom Seelenleben des Kindes*, Basel 1989

FERRIS, Tim: *Coming of Age in the Milky Way*, New York 1988

GROF, Stanislav: *Alte Weisheit und modernes Denken*, München 1986

INICIADOS: *El Kybalion*, Madrid 1975

JÄGER, Willigis: *Kontemplation*, Salzburg 1982

JOHARI, Harish: *Lila*, Basel 1976

JUNG, C. G.: *Psychologie und Alchemie*, Olten 1972

–: *Psychologie und Religion*, Olten 1972

–: *Psychologie und Erziehung*, Olten 1972

KÜBLER-ROSS, Elisabeth: *Aids*, Stuttgart 1988

LIEVEGOED, Bernard: *Der Mensch an der Schwelle*, Stuttgart 1985

ORNSTEIN, Robert: *The Psychology of Consciousness*, o. A.

PARKER, W. R./E. St. Johns: *Prayer Can Change Your Life*, New York 1957

SHELDDRAKE, Rupert: *Das Gedächtnis der Natur*, München 1988

SIMONTON, Carl: *Prinzip Mut*, München 1989

SIMONTON, Stephanie: *Heilung in der Familie*, Reinbek b. Hamburg 1986

STEVENS, John O.: Awareness, New York 1971

THOMAS, Klaus: *Träume– selbst verstehen*, Stuttgart 1972

USANOS TAMAYO, Pilar: *Control Mental y Desarrollo Integral*, Madrid 1991

–: *Control Mental y Personalidad*, Mexico D. F. 1981

WILBER, Ken: *Up from Eden*, New York 1981

Register

NATÜRLICHE HEILMETHODEN

16104

16105

16158

16155

KRAFTQUELLEN ENTDECKEN

16101

16119

10888

16115

Mosaik bei GOLDMANN

GOLDMANN

*Das Gesamtverzeichnis aller lieferbaren Titel erhalten Sie
im Buchhandel oder direkt beim Verlag*

★

Taschenbuch-Bestseller zu Taschenbuchpreisen
– Monat für Monat interessante und fesselnde Titel –

★

Literatur deutschsprachiger und internationaler Autoren

★

Unterhaltung, Kriminalromane, Thriller
und Historische Romane

★

Aktuelle Sachbücher, Ratgeber, Handbücher und
Nachschlagewerke

★

Bücher zu Politik, Gesellschaft, Naturwissenschaft und Umwelt

★

Das Neueste aus den Bereichen
Esoterik, Persönliches Wachstum und Ganzheitliches Heilen

★

Klassiker mit Anmerkungen, Anthologien und Lesebücher

★

Kalender und Popbiographien

★

Die ganze Welt des Taschenbuchs

★

Goldmann Verlag • Neumarkter Str. 18 • 81673 München

Bitte senden Sie mir das neue kostenlose Gesamtverzeichnis

Name: _____

Straße: _____

PLZ / Ort: _____